2か月で人生が変わる 右脳革命

人生が変わる

右(う)脳(のう)革(かく)命(めい)

さあ、あなたも一緒に!

ネドじゅん

KADOKAWA

はじめに
あなたにしあわせな右脳ライフを

はじめましての方も、お久しぶりの方も、こんにちは。
どうもどうも、オカンです。

本日は、オカンの「しあわせ脳養成講座」に、
ようこそお越しくださいました。
たまたま迷い込んでこられた方もいるみたいですが、
ここで出会ったのも何かのご縁、
ぜひ最後までお付き合いください。

お付き合いくだされば、
必ずラッキーなことがありますよ（ニヤリ）。
さてさて、「オカンって、誰やねん」と
不審な顔をしているあなたのために、
まずは簡単に自己紹介させてください。
じつはわたくし、
2016年に突然、頭の中の思考が消えました。

過去の後悔や将来の不安、
他人への不満やイライラなど、
頭の中をぐるぐる回っていたひとりごとの思考が、
きれいサッパリ消えてなくなったんです。
思考のぐるぐるが消えると、
「めっちゃしあわせ」になりました。
外側の世界で何があっても、
心は常にしあわせ感に溢れています。

たとえるなら、そうですね、
山の頂上から絶景を眺めたら、
「うわーすげー気持ちいいー」となりますよね。
思考が消えると、
一瞬一瞬をそんな気持ちいい感覚で過ごせるのです。

ストレスは当然ゼロ。
過去にあったイヤなことは忘れてしまうし、
将来に不安を抱くこともありません。

いまとなっては、
不安がどういう感覚だったか思い出せないくらい、
とにかくハッピー!
思考のぐるぐるが消えると、
そんな「しあわせ脳」で過ごすことができるのです。

わたしはいま、サラリーマンの夫と大学生の娘と一緒に、
毎日を楽しく暮らしています。
どこにでもいる、いたって平凡なオカンです。

そんな中、「どうやってしあわせ脳になったの?
やり方を教えてよ」と聞かれる機会が増え、
それに応えるべく本を書いたり、
オンラインサロンやYouTubeなどで
情報を発信するようにもなりました。

自動思考を止めれば、
しあわせ脳になれる!

しあわせ脳になるために必要なことは、たった1つだけ。
それは、「自動思考を止める」こと、
これにつきます。

自動思考とは、
あなたが望まなくても
勝手に頭の中に生まれてしまう、
思考のぐるぐるのことです。
詳しくはこのあとの講座で解説していきますが、
自動思考は大脳の左半分
「左脳さん」が生み出しています。

左脳さんによる自動思考をストップさせると、
おのずと脳の右半分「右脳さん」が
ぴょこんと顔を出してきます。
右脳さんを感じて生きることが、
「しあわせ脳」になるポイントなのです。

左脳さんは、過去や未来から焦り・後悔・不安などを集めてきて欠乏感や悩みを作り出します

過去
未来
後悔
不安
欠乏感

いま
しあわせ

右脳　左脳

右脳さんは、いまここのしあわせ感を感じます

しあわせ脳になれば、どんなときも「めっちゃしあわせ」。
理由もなく「めっちゃしあわせ」です。
全身の細胞と神経が生きる喜びを謳歌し、
その喜びの歌の中に自分の意識が
入っているような感じで、
しあわせであることが
デフォルト（基本設定）になるのです。

しあわせになるために何かを必要としないから、
生きるのがものすごく楽になります。

人間が不幸になるのは、欠乏感があるからです。
欠乏感を満たすために誰かから奪い取ろうとすることで、
人間関係やコミュニケーションにも歪みが生まれます。

でも、しあわせ脳になれば
誰からも何かを奪う必要がありません。
あなたのこころが穏やかだと、
周りの人たちにも圧倒的に笑顔が増えます。
しあわせ脳は、周囲の人たちまでしあわせにするのです。
社会的・経済的な成功をどうにかして手に入れたい、
けれど手に入らない。
この欠乏感のスパイラルに陥ると、確実に不幸になります。
もっと何かがほしい（お酒、甘い物、ブランド品など）や
もっと何かがしたい（YouTubeを見たい、ゲームをしたいなど）
という欠乏感も、
人からしあわせを遠ざける原因になります。

でも、「しあわせ脳」になって、欠乏感がなくなれば、
「いまここ」にいるだけでしあわせになれるのです。

そして、自分が満たされて、
悩まされていた欠乏感がなくなると、
不思議と「ほしかったもの」が手に入ったりします。

また、しあわせ脳になれば、
生産性のない無駄な自動思考をしなくなるので、
集中力も劇的にアップします。
なんの取り柄もなかったわたしが、本を書いたり、
セミナーしたりできるようになったのも、
しあわせ脳になれたからです。

さらには、不思議と健康になります。
自動思考は脳にストレス物質を生み出し、
免疫力を低下させるからです。
だから、自動思考がストップすると、
病気になりにくい体になるのです。

じつはまだまだありまして、話し出したら
深夜まで話してしまうので、
今日のところはこのくらいに。
でも、こんなにメリットがあるのだから、
「しあわせ脳」にならないなんて、
人生がもったいないと思いません？

最短2か月で「しあわせ脳」になれる
連続講座を開催！

しあわせ脳になるための具体的なワークは、
超簡単です。
のちほど説明しますが、超簡単すぎて、
本当に効果があるのか……？　と疑ってしまうくらい、
超簡単です。
とはいえ、しあわせ脳になるためには、
半年から1年、最短でも2か月はかかります。
1冊の本を読んだり、
1回のセミナーに参加したりするだけで、
すぐにしあわせ脳にはなれないという現実がありました。
筋トレを1回だけしても、
すぐに体に筋肉はつかないのと同じで、
しあわせ脳に変化するのにも
ある程度の時間が必要なのです。

ワーク自体は簡単とはいえ、ひとりぼっちで
継続するのはしんどい。はて、どうしたものか……。

そのとき、右脳さんからメッセージが!
「連続講座!　連続講座!　連続講座!」
その手があったか!

ちょうど少し前に、KADOKAWAさんから
「連続講座をしませんか?」と
ご提案いただいていたことを思い出します。
すっかり忘れていたのですが(すみません)、
わたしは右脳さんの直観に従うことにしました。

そして、2024年の1月から3月に、
『【懇親会付き】
　ネドじゅんの「さとり直結」右脳マスター術
　しあわせ脳と感動回路で生きる方法、
　ぜんぶ教えます!(全3回講座)』
(9万9000円×34名)を開催しました。
「9万9000円!?　高っ!」とビビりましたが、
即完売(!)とKADOKAWAの
編集さんからうかがいます。

わぁこれ、えらいことになったぞ。
9万9000円の価値のある
連続講座にしなければ、
「この詐欺師が!」と、どつかれるかも。
ネットにさらされて炎上するかも(やばっ)。

わたしは兜(かぶと)の緒を締め直しました(キュッ!)。

お客様が2か月で「しあわせ脳」になれるよう、
明確な方向性を示し、
最短最速で変われるワークを宿題として出し、
一人ひとりの状況に合わせて
きっちりフォローしていこう。
懇親会のお弁当は何かな?
なんて悠長なことを考えてはいられん!

こうして臨(のぞ)んだ連続講座は、見事大成功!
参加してくださった全員が
「しあわせ脳」へと変化していったのです。

この本は、連続講座の内容を再現しつつ、
オンラインサロンで提供している
限定動画講座や、
YouTubeで公開している
動画内容も一部盛り込み、
約21時間もの話をもとに、
オカンとはじめましての人にもわかりやすく
再構成したものです。
めっちゃ豪華！　超特盛り！　お腹パンパン！
まさにオカンの集大成！
9万9000円もした（しつこい）連続講座の内容を、
たった1600円で本にしちゃっていいんですか？

いいんです！

連続講座の参加者の
みなさんには、書籍化を
快くご了承いただきました

というわけで、「しあわせ脳」になりたい人も、
たまたまここに迷い込んだ人も、
実際の参加者のみなさんと一緒に、
しあわせ脳への変容を約束する
「超濃厚な2か月間」を
体験していただければと思います。

はたして、最後までついて来れるか!?

この本の使い方

　まずは「オリエンテーション」と「第1講」を読み、1か月間、宿題のワークをやってみてください。1か月後、第2講から読書を再開しましょう。そうすれば、連続講座を受けた方と、同じ体験をすることができます。

　我慢できない！　最後まで読みたい！　という方は、最初にぜんぶを読んでも構いませんが、その場合も必ず第1講に戻って、1か月間のワークを実践してほしいと思います。

　しあわせ脳になるためには、知識をインプットするだけでなく、体感することが何より大切です。ワークをするのをお忘れなきように。

　姑（しゅうとめ）のように口酸っぱく「ワークしろ、ワークしろ」と言うのは、あなたに本当にしあわせ脳になってほしいからです。

　生きづらさを感じている人、メンタルに不安を抱えている人、対人関係に悩んでいる人、さまざまな心理ワークを試したけれど効果を実感できない人、人生がつまらない人……あなたがどんな悩みを抱えているにせよ、「しあわせ脳」になれば、必ず世界は輝き始めます。世界がキラキラに見えてきます（部屋がぜんぜん片づいていなくても）。

チャレンジしてみます？（立ち読みは、ここまで！）

わたしにもできたんです。あなたにもできますよ！
ではでは、オリエンテーションでお待ちしております。

2か月で人生が変わる 右脳革命　目次

はじめに　あなたにしあわせな右脳ライフを　2

- 自動思考を止めれば、しあわせ脳になれる！
- 最短2か月で「しあわせ脳」になれる連続講座を開催！
- この本の使い方

オリエンテーション　あなたはいつでも「右脳のしあわせ」を選べる
「意識の変容の段階表」でセルフチェックを

さっき、駅でおっちゃんにめちゃめちゃ怒られた！　26

- 左脳さんなら、こんな反応をしてしまう
- 右脳さんには、「いまここ」しかない
- 2つの選択肢は、「いまこの瞬間」に選べる

ところで、オカンって何者？　35

- 自動思考が消えたら、毎日が奇跡の連続に

なぜ、誰でも確実に「しあわせ脳」になれるの？　41

- 自動思考を生み出すクラウン回路

「意識の変容の段階表」で「しあわせ脳レベル」をチェックしてみよう！　48

- ゴールは「大樹がわたしを生きている」感覚

オリエンテーションのまとめ　59

第 1 講 | 自動思考を止めて「いまここ」にいよう

みなさんのお悩みを教えてください！　　62

左脳さんと右脳さんの違いを体感してみよう　　72

> 左脳さんを体感するイメージ＝シャッター
> 右脳さんを体感するイメージ＝ずっと温泉

知るだけで武器になる！　自動思考の傾向と対策　　81

> 自動思考の見分け方

自動思考をピタッと止める3つの最強ワーク　　87

> 1つ目　エレベーターの呼吸のやり方
> 2つ目　いまここの呼吸のやり方
> 3つ目　思考改行エンターキー

これで「しあわせ脳」へ！
1か月のホームワーク紹介　　103

> 宿題1：毎日、未来ピンを立てる
> 宿題2：自動思考を止めるワークの実践（エレベーターの呼吸、いまここの呼吸、思考改行エンターキー）
> 宿題3：自動思考を解析する
> 1日のタイムスケジュール例

第1講のまとめ　　122

第 2 講 （1か月後） | 大切なことはぜんぶ「お腹」が教えてくれる

受講者はたった1か月で
「しあわせ脳」に近づけたのか!?　　　　　　　　124

意識変容が進んだときの
左脳さんの逆襲について　　　　　　　　　　　140

感情を伴う「苦しい自動思考」を消すには?　　　148

嫌いな人には、嫌いなまま愛を与えよう　　　　156

「自力」を捨てると、エネルギーが満ち溢れてくる　160

> なぜ、自力じゃなきゃいけないと信じているの?
> 「わかりません」に到達したら、「起こる」が起きた

お金を増やしたい！　右脳さんと願望実現　　　168

> 「夢の地図」で望みを叶える
> 叶いやすい願望、叶いにくい願望がある

右脳さんとお腹でコミュニケーションを取ろう　　175

> 器を見て「からっぽだねえ」と味わえますか?
> 「お腹に聞く」ってどういうこと?

左脳さんが恐怖のラスボスから
頼れるサポーターに変わる　　　　　　　　　　183

これで絶対「しあわせ脳」に！
2か月目のホームワーク　　　187

「おうちで右脳散歩」のやり方
第1講のホームワークも継続しよう

第2講のまとめ　　　194

第3講
（2か月後）

「極上の安心感」の中で起こり続ける奇跡

結果発表！「しあわせ脳」に変わった受講者たち　　　196

望む人生を歩ませてくれる「意識の焦点さん」とは？　　　205

ピントを合わせた部分が増えていく
2段階上にピントを合わせ、望む人生を歩もう

人類史上最も「しあわせ脳」から遠い現代　　　212

まず、「腑脳（ふのう）」が誕生した
右脳と左脳の誕生
〈脳の歴史〉のタイムラインであなたを見る

あなたがしあわせになれば、世界もしあわせになる　　　225

右脳回帰で意識が「胸の座」に切り替わる!?　　　231

「胸の座」に意識がある感覚とは
意識が「胸の座」にあるとき、景色が変わる
胸の座「タコバージョン」
胸の座進化系「筒とコマバージョン」
試してみたい人の胸の座「コイン型」

スーパーコンピューターの「本体さん」にぜんぶおまかせ！ 241

- 本体さんは意識の95%を占めている
- 本体さんにアクセスするには？
- 結局、左脳思考がわたしたちを孤独にする
- 本体さんの意向に沿って生きる

クリエーターズ・スピリット（創造主）と悟りについて 255

人生のお楽しみ！意識の建築物を地下まで下りてみよう 261

自動思考が止まると訪れる、しあわせな静寂 270

また会う日まで！ しあわせな毎日を味わってこー 276

- 第3講のまとめ 280

おわりに 282

オリエンテーション

あなたはいつでも「右脳のしあわせ」を選べる

「意識の変容の段階表」でセルフチェックを

さっき、駅でおっちゃんに めちゃめちゃ怒られた！

　どうもどうも、オカンです。
　みなさん、本日はお集まりくださり誠にありがとうございます。これほど大規模なセミナーは初めてなので、めちゃくちゃ緊張しております。
　みなさんも、きっと緊張しているでしょう。どうぞ、姿勢を楽にして、リラックスされてください。頬杖をついても、足を投げ出して聞いていただいても構いません。机の上に寝転がってもいいですよ。
　……お、さすがに寝転がる方はいないようですね。みなさんの左脳さんは、みなさんが社会生活を営めるようにきっちり働いてくれているようです。

　さてさて、「しあわせ脳養成講座」に入る前の「オリエンテーション」となります。オリエンテーションでは、現状のご自身の脳の使い方、意識の変容の段階についてセルフチェックしていただき、「しあわせ脳」になるための道筋を知っていただければと思います。

ところで、わたくし、さっき飯田橋駅（東京都内にあるKADOKAWAさんの最寄り駅）で、知らないおっちゃんにめちゃくちゃ怒鳴られました。

この講座を担当している編集さんとの待ち合わせで、改札の前でポカーンと立って待っていたんです。

そうしたら、どこからかおっちゃんがやってきて、

「なんでそんなところに立っているんだ！ 邪魔だ！」

と、殴りかからんばかりの剣幕で怒ってきたんです。

わたしは「ごめんね」とだけ言って、またポカーンとその場に立っていました。おっちゃんはなおもプリプリしながら、「なんて野郎だ！」と怒り狂いながら去っていきました。

わたしは女性ですので、「なんてアマだ！ が正解だなあ」なんて一瞬思い、それもすぐに忘れて、青空を流れる雲をボーッと眺めて、しあわせを感じていました。

■ 左脳さんなら、こんな反応をしてしまう

「しあわせ脳養成講座」の初日に、おっちゃんは絶好のエピソードを提供してくれました。「しあわせ脳」で生きていると、必要な出来事が勝手に引き寄せられてきます。

もし、わたしの左脳さんがモリモリ元気だったら、き

っと次のような自動思考が頭の中を駆け巡ったはずです。
「何あのクソオヤジ！　駅で立っていて何が悪いのよ！　ムカつく！　だいたい公衆の面前で怒鳴り散らすって、デリカシーなさすぎっていうか、まさにモラハラ！　モラルのかけらもないバカ！　もう許せない。イライラする！」

　思考のループはそのときだけでなく、寝る前まで続くかもしれません。

　数日後にまた思い出し、キーッとハンカチをかんでしまうかもしれません。

　あるいは、次のような自動思考になることもあるでしょう。
「どうしてわたし、改札の前なんかに立っていたのだろう。そんな場所に立っていたら、通行の邪魔になる。だからおっちゃんの言うことは、ある意味正しい。間違っていたのは自分だ。そんなこともわからないわたしは、なんてダメな人間なんだろう。今度からは気をつけなきゃ」

　こんなふうに、反省モード、自責モードに入ってしまう人もいます。

　もしそうなれば、せっかくみなさんとお会いするのを楽しみに来たのに、「やっぱ帰ろうかな……」なんて思

ってしまうかもしれません。

　自動思考のタイプは人それぞれですが、それを担っているのは脳の左半球の左脳さんです。

　左脳さんの特徴を簡単にまとめてみましょう。

左脳さんの特徴
・あなたという個体を構成する意識の1つ
・言葉による思考を担当
・人間社会の中で生きることに特化した意識
　人工的なもの、名前で区別したもの、社会のルール、
　時間管理、コミュニケーションが得意分野
・「いまここ」に意識を向けるのが苦手で、
　過去や未来を考えるのが得意

先ほど、机の上に寝転がっていいですよと言いました。
　けれど、誰ひとり、寝転がる人はいませんでした。それが社会のルールだと、みなさんの左脳さんが思考したからです。
　左脳さんは、わたしたちが社会生活を送る上で欠かせない存在です。
　けれど、あまりに左脳優位になってしまうと、わたしたちをぐるぐる思考の沼に落とす怖い存在でもあります。

■ 右脳さんには、「いまここ」しかない

　2016年、わたしの頭の中から突然、自動思考が消えました。
　それまで何かとうるさかった左脳さんが、急に静かになったのです。
　左脳さんがいなくなったら、社会生活を営めなくなるのではと思うかもしれません。もちろん、わたしにも左脳さんは存在しています。今日、電車に乗って、時間どおりにここまでたどり着けたのも、左脳さんのおかげです。
　必要なときだけ、わたしは自由に左脳さんを呼ぶことができます。だから、生きていて不便なことはまったくありません。
　左脳さんの声が鎮(しず)まると、わたしは右脳さんのメッセ

ージを聞き取れるようになりました。右脳さんは「直観」を担当している意識です。

右脳さんの特徴
・あなたという個体を構成する意識の1つ
・直観を担当
・ほとんど言葉を使わない
　言葉の代わりに、身体感覚を通じて
　メッセージを送ってくる
・活性化すると、人生の奇跡をたくさん見せてくれる
・常に「いまここ」にいて、至福の状態で微笑んでいる

幸せだねぇ

生きているねぇ

右脳さんは、「いまここ」にしか意識が向きません。

　だから、もしおっちゃんに怒鳴られても、「いま、この人怒った」と感じるだけで、あとあとまで引きずらなくてすむのです。

　右脳さんと生きている感覚は、連続講座の第1講（初日）でじっくりお話しさせていただきます。楽しみにしていてください。

■ 2つの選択肢は、「いまこの瞬間」に選べる

　さて、最初におっちゃんとのエピソードを話したのは、左脳さんと右脳さん、みなさんは2つのどちらと仲良くなりたいか、考えてほしかったからです。

　あなたの感覚を刺激してくる外界の出来事に出会ったとき、左脳さんが暴走して終わらない自動思考に陥ってしまうか、それとも常に右脳さんとのんびり一緒にいて、しあわせを感じながら生きるか。どちらを選びたいでしょう。

　あなたはどうですか？

受講者A　右脳さんと一緒にいたいです。

　そちらの方は？

受講者B もちろん、右脳さんです。わたしは日頃から、ささいなことにクヨクヨ悩んで、頭の中でひとりごとばかり言っています。だから、苦しいです。

そんな思考を止められるなら、とても興味があります。でも、はたしてわたしにそんなことができるのでしょうか。

ありがとうございます。

これまで自動思考に苦しまれてきたのですね。さぞかし、生きるのが大変だったことでしょう。

でも、安心してください。左脳さんの声、自動思考は誰でも必ず止めることができます。

なぜなら自動思考は、個人の意思や性格によるものではなく、左脳の脳神経回路が太くなっていることによって生まれるからです。

そしてこの回路は、「右脳で生きる」ことを選び続けることで細くなっていきます。その結果、自動思考は自然と消えていくのです。

みなさん、ポカーンとされていますね（笑）。

これについてはあとでじっくりご説明するとして、まず知っておくべきなのは、わたしたちの前には「常に2つの選択肢が用意されている」ということです。

2つの選択肢とは、「左脳で生きるか、右脳で生きるか」「自動思考を続けるか、止めるか」「過去や未来に生きるか、いまここに生きるか」ということ。

わたしたちが個人の意思でまずできるのは、<u>どんなときも「右脳で生きる＝自動思考を止める＝いまここに生きる」道を選ぶ</u>ことです。

この選択を何度も何度も繰り返していけば、必ず「しあわせ脳」になれる。

これこそ、連続講座でお伝えするメッセージであり結論でもあります。

「右脳で生きる道を選ぶ」と、自分の意思で「決定」しましょう。

右脳で生きるためには、インドの山中で瞑想(めいそう)をしたり、何年も滝にうたれたりするような厳しい修行は必要ありません。

だから、肩肘(かたひじ)をはる必要はまったくないですよ。<u>「自動思考を止める！」とあなたが心の中で決めてしまうことが、「しあわせ脳」になるためのスタートライン</u>なのです。

ぜひ、連続講座が始まる前に、そう決心してくださいね。

ところで、オカンって何者？

　さてさて、ただのオカンでありながら、みなさまに講釈たれるのが本講座でございますが、今日ははじめましての方も多いので、「オカンとは何者か？」を話させていただきます。

　わたしが「しあわせ脳」を手に入れるまでの歴史です。

　わたしは、3代続く商店を営む両親のもと、大阪で生まれました。

　商店は昔ながらの造りをしていて、お店から暖簾(のれん)をはさんですぐの畳に、赤ちゃんのわたしは眠っていたそうです。

　赤ちゃんの頃から大人になるまで、とにかく泣かない子どもでした。暖簾をはさんだ向こうで働く両親に迷惑をかけたくなかったからです。

　自分が泣くと、両親の仕事の邪魔になるし、ご近所の商店から「どうにかしてよ」と冷たい目で見られ、母親を困らせることに気づいていたからです。

そんな幼少期を過ごしたことで、何もかも「自力」で解決しようとするクセができました。人に頼ることが苦手なのは、大人になって働き出してからも同じでした。
　そのためなのか、20代の後半に心身症となり、さまざまな症状に苦しみました。
　心身症の症状は治療によってなくなりましたが、その後も心身症気質はずっと続いていました。

　心理学や精神医学に興味を持ち始めて、たくさんの本を読み漁るようになったのは、その頃からです。
　たくさんの知識をインプットして、いくつかのワークも実践してみましたが、心身に大きな変化が訪れることはありませんでした。
「なんとなく苦しい」「誰にも頼れない」状態がずっと続いていたのです。

　そんなわたしもやがて結婚。サラリーマンの夫と、生まれてきた娘とともに、どこにでもある家庭を築きました。わたしの人生は、それで静かに終わっていくはずでした。

　しかし、そうはならず、いま、みなさんの前でこうして話しています。

「どこにでもある家庭」といっても、毎日が楽しくウハウハ、というわけにはいきません。みなさんの家庭も、多かれ少なかれ、問題を抱えていることでしょう。

わたしを苦しめていたのは、義母の介護という現実的な問題でした。自分の体も弱っていくし、子育ての真っ最中でもあり、いまから10年ほど前は、精神的にもいっぱいいっぱいでした。

当時は、自動思考がモリモリでした。わたしの自動思考は、あらゆることの意味を理解したい、それをなんとかしたいという思考がめちゃくちゃ多かったです。

これはもしかすると、赤ちゃんのときから「自力」ですべてを解決しなければならないという刷り込みが強かったからなのかもしれません。

苦しい現実から逃れたく、占いやさまざまな心理ワークにもすがりましたが、目覚ましい効果を得られるものはありませんでした。

　最終的にわたしがひたすら続けたのが、オリジナルの「呼吸法」です。
　のちに「エレベーターの呼吸」と名づける呼吸法を、義母の介護をしていた半年間、毎日ひたすら続けました。
　すると、ある日突然、長年苦しめられてきた自動思考が、きれいさっぱり消えてなくなったのです……！

■ 自動思考が消えたら、毎日が奇跡の連続に

受講者C　自動思考が消えるとは、どういうことでしょうか？　具体的に何が起きたのか教えていただきたいです。

　はい。それが起こったのは、朝食のあと、自宅でパソコンに向かっているときでした。
　突然、スイッチをパチンと切ったように思考がなくなり、世界がシーンと静まったのです。頭の中が、にぎやかなテレビのスイッチを消したあとの部屋のような状態になりました。
　心はなぜか落ち着いていて、意識が大きく広がってい

るのを感じました。

　同時に、視線がススーッとまっすぐ伸びていくのを感じました。それまでの感覚とはまったく異なり、視界の透明感とキラキラ感がすごいんです。
　それまでの景色が汚れた窓ガラス越しに見ていたものだとすれば、窓を開け放って顔を出して見たような、クリアな景色に一変したのです。
　うちの散らかった部屋も、めっちゃキレイに見えました。

　しばらくして、言いようのない「しあわせ感」が身体を突き抜けていきました。震えるほどの感動が押し寄せてきたのです。
　自動思考がなくなったことで、何か、自分に覆い被さっていた重い毛布のようなものから解放された心持ちがしました。
　わたしの脳は、いつのまにか「しあわせ脳」に変容を遂げていたのです。

　それから8年の年月が流れましたが、いまだ自動思考は消えたままです。
　頭の中は常に静かで、さわやか。見える景色はキラキ

ラ輝き、生命の喜びに満ちた身体を楽しみながら生きています。

「自力」ですべてを解決しなければならないという長年の重荷からも解放されました。

すべては、自動思考が止まることによって起こったのです。

その後わたしは、自らの体験をもとに、自動思考の止め方について、本や動画などで紹介してきました。

多くの方々が自動思考を止めることに成功し、「しあわせ脳」を手に入れて、新しい感覚で人生を歩み始めています。

一方で、自動思考を止めるにはある程度の時間が必要なため、途中で離脱してしまった人がいることも知りました。

そこで企画したのがこの連続講座です。

本講座では、最短2か月で自動思考を止めることを目指す特別プログラムを用意しました。2か月後、みなさんは新しい自分に変容を遂げているでしょう。

なぜ、誰でも確実に「しあわせ脳」になれるの?

　こんな体験を話すと、「特別な人だけが変われるのでは?」と聞かれることがあります。

　わたし自身、自動思考がストップするまでは、心のどこかでそんなふうに思っていました。「右脳で生きる」とか「悟る」とかいうけれど、その手の才能がある特別な人の話なんだろうな、と。

　でもわたしは、自身の体験とその後の研究から、「誰でも自動思考を止められる」ことを発見しました。

　その人の性格、能力はいっさい関係がありません。

　自動思考は、きわめて科学的な「脳神経の仕組み」によって生み出されるものだからです。

　そもそも、わたしたちの脳はどのようにして働いているかご存じでしょうか? そちらの方、いかがですか?

受講者D　ニューロンとか、シナプスとかですよね。昔、習ったような。

そのとおりです！

わたしたちが何かを思ったり考えたりできるのは、脳に1000億個も存在するニューロンという脳神経細胞たちが、電気信号によって情報を伝達し合っているからです。

ニューロン同士が接続し、超高速で電気信号を送ることで、脳神経回路は情報を伝達し合っています。

さてさて、「だから何だ」「そんなことは知っている」という顔をされている方もいますが、大切なのはここからです。

次のイラストをご覧ください。

使うほどに強化される脳神経の仕組み

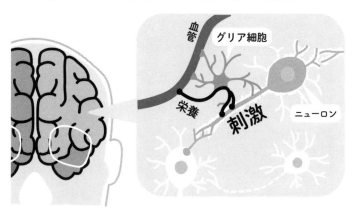

ニューロンとニューロンの結合部（シナプス回路）に栄養を与えてくれる「グリア細胞」という細胞があります。グリア細胞は血管とつながっていて、「電気信号が流れたところ」に、血管から取り出した栄養を与えてくれるのです。

　そして、栄養が与えられた回路はモリモリ太くなって発達する仕組みとなっています。

　つまり、脳の神経細胞は電気信号が流れるほど、つまり使われれば使われるほど、その使われた部分が強化されるのです。

■ 自動思考を生み出すクラウン回路

自動思考を司る脳の神経回路は左脳にあります。

わたしはこの左脳の回路を「クラウン回路」と名づけました。まるでクラウン（王冠）をかぶった暴君のように、意識を思考で操り、グリア細胞からの栄養を貪り食うからです。

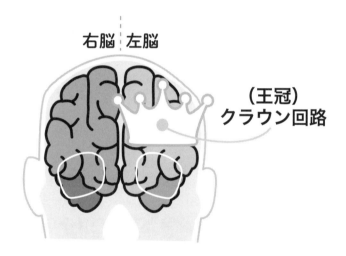

左脳のクラウン回路は、自分に栄養が与えられるように、常にわたしたちの意識を操っています。

暴君だから、わたしたちが苦しくなっていてもお構いなしです。

たっぷり栄養を与えられたクラウン回路は、太く強靭(きょうじん)になっていき、さらなる栄養を求めて、ますます自動思考をわたしたちに課すのです。
　これが、思考のぐるぐるから簡単に抜け出せない要因です。

　では、どうすればクラウン回路の横暴を止められるでしょうか。
　そちらの方、どう思いますか？

受講者E　えっ。えーと……クラウン回路に栄養を与えなければいいのではないでしょうか。

　まさに！　では、栄養を与えないためには、どうすればいいと思いますか？

受講者E　クラウン回路は自動思考で栄養を得ているんですよね。だとすれば、自動思考を止めればいいのでは？

　ビンゴです！
　自動思考をストップすれば、クラウン回路は栄養不足になり、どんどんやせ細っていきます。
　もちろんクラウン回路が強靭な状態では、自動思考を

止めることはできません。

けれども、少しずつでも自動思考のぐるぐるに陥る機会を減らしていけば（それを実現するワークの1つが「エレベーターの呼吸」です）、クラウン回路は確実にやせ細っていきます。

やせ細っていくと、自然と自動思考が起きる頻度が減っていきます。

横暴だった王様はどんどん弱っていき、わたしたちの意識をコントロールできなくなってくるのです。

そして最終的には、クラウン回路そのものが消失します。自動思考を司る脳の神経回路がなくなるということです。

横暴な王様が頭の中からいなくなり、あなたが望まない思考が訪れることはありません。

これが、「自動思考がなくなる」という状態です。同時に、右脳に切り替わります。

これが本書のタイトルにもなっている「右脳革命」です！

そんなことが本当に起きるのか、と疑問に思う人がいるかもしれません。

けれど、「脳の神経回路は、使うか使わないかによって太くなったり細くなったり消失したりする」ことは、

最新の脳科学の研究でも明らかにされているのです。

　ここまでをまとめると、
・「しあわせ脳」になりたければ、
・どんなときも左脳ではなく右脳で生きる選択をし、
・ワークを実践して自動思考に陥る回数を減らしていく。
・すると左脳のクラウン回路は少しずつやせ細っていき、
・最終的には自動思考を完全にストップできる。
・その結果、ただ生きているだけでしあわせ！

　やばくないっすか？
　この講座には、いわゆる「スピ（スピリチュアル）好き」ではない方も大勢参加されているので、なるべく「悟る」という言葉を使ってこなかったのですが、ぶっちゃけ、このメソッドを実践していただければ、誰でも「悟る」ことができちゃうんです。
　笑われるかもしれませんが、この方法で現代のほとんどの苦しみをなくすことができるって思っているんです。本気です。
　現代特有の、この左脳の過剰とクラウン回路が、生きることのしんどさを作り出しています。
　ここ、ぜひ覚えておいてくださいね。

「意識の変容の段階表」で「しあわせ脳レベル」をチェックしてみよう!

オリエンテーションの最後に、あなたの現在の「しあわせ脳レベル」をセルフチェックしてみましょう。

ワークを進めていくと、どのような実感を得られるのか、目安となる感覚を5段階に分類してみました。

現在のあなたの意識が、どの段階にあるかを確認してみてください。

しあわせ脳レベル0 ▶

この苦しみや問題を早くなんとかしたい

- 生きることへのしんどさがある
- 自分思考が強い
- 自分感覚が強い

- 自動思考が常に意識と一体化
- 自動思考に気づけない

しあわせ脳レベル1 ▶

感情が早くおさまり少し楽になってきた

- 大丈夫という感覚が多少生まれる
- 感情と距離が取れる
- 自分物語が薄まる

- 自動思考が湧くが、ときおり気づける
- 自動思考と意識の一体化が弱まる

しあわせ脳レベル2 ▶

身体感覚・神経とのつながりが再生する

- 自分は大丈夫だと感じられる
- 身体の内側に意識がとどまっていられる

- 自動思考が湧いたらすぐ気づける
- 自動思考は湧くが、意識への影響が弱い

しあわせ脳レベル0

生きることに何かしらしんどさがあり、苦しみや問題を早くなんとかしたいと考えている状態です。何事もわたし（個）を主語にして考える「自分思考」や「自分感覚」が強い傾向にあります。

自動思考が意識と常に一体化しているため、自動思考の存在に気づけてすらいない状況です。しあわせ脳とは真逆の意識状態といえます。

現代文明の中で生きている人の多くは、ここからのスタートになるでしょう。

しあわせ脳レベル3 ▶ **しあわせ脳レベル4**

わたし感覚が減り、安心と平和がある	すべては完璧でしあわせ愛がここにある
●理由のない愛と平和な感覚がある	●わたし感覚は小さく薄くなる
●いまここに意識が集中していられる	●大きな無意識がわたしを生きている
●自動思考があまり湧かなくなっている	●自動思考がまったく出てこない
●自動思考はすぐに消すことができる	●言葉による思考をしないでいられる

しあわせ脳レベル1

　苦しい感情が早くおさまるようになり、生きるのが少し楽になってきた状態です。「わたしは大丈夫」という感覚が多少生まれます。

　感情と距離を取れるようになり、わたしが主語の「自分物語」が薄まります。

　自動思考は湧いてきますが、ときおり気づけるようになり、自動思考と意識の一体化が弱まります。「今日はネガティブな思考ばかり出るなぁ」といったように、感情との距離が感じられます。

　出来事に対して、「わたしが起こしている」とは感じず、「何かが起きているぞ」という感覚に進めれば、このレベルに入ったといえます。

しあわせ脳レベル1

しあわせ脳レベル0	**感情が早くおさまり少し楽になってきた**	しあわせ脳レベル2	しあわせ脳レベル3	しあわせ脳レベル4
この苦しみや問題を早くなんとかしたい	・大丈夫という感覚が多少生まれる ・感情と距離が取れる ・自分物語が薄まる	身体感覚・神経とのつながりが再生する	わたし感覚が減り、安心と平和がある	すべては完璧でしあわせ愛がここにある
・生きることへのしんどさがある ・自分思考が強い ・自分感覚が強い		・自分は大丈夫だと感じられる ・身体の内側に意識がとどまっていられる	・理由のない愛と平和な感覚がある ・いまここに意識が集中していられる	・わたし感覚は小さく薄くなる ・大きな無意識がわたしを生きている
・自動思考が常に意識と一体化 ・自動思考に気づけない	・自動思考が湧くが、ときおり気づける ・自動思考と意識の一体化が弱まる	・自動思考が湧いたらすぐ気づける ・自動思考は湧くが、意識への影響が弱い	・自動思考があまり湧かなくなっている ・自動思考はすぐに消すことができる	・自動思考がまったく出てこない ・言葉による思考をしないでいられる

しあわせ脳レベル2

　身体感覚・神経とのつながりが再生する段階です。このあとの連続講座でお伝えしますが、右脳の覚醒は、身体感覚や自律神経の活性化に直結しています。

　自分は大丈夫だと感じられるようになり、何が起きても体の内側に意識をとどめておくことができます。

　自動思考が湧いたらすぐに気づけるようになり、意識への影響は弱くなります。ここまでくると、生きるのが本当に楽になります。イヤなことが起きても、すぐに「しあわせ脳に戻れる」という自信と安心感があるからです。

　人生が苦痛になるか、楽になるかの分岐点となるところです。

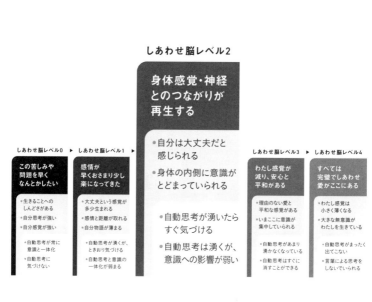

しあわせ脳レベル3

わたし感覚が減り、理由のない愛と安心、平和を感じられる状態です。

「いまここ」に意識を集中していられるため、自動思考はほとんど湧かなくなっています。もし湧いたとしても、すぐに消すことができます。

このレベルまで自動思考が減少すると、自動的に「理由のない愛、安心、平和」を感じられるようになります。これらはすべて自動思考がストップしたことによる結果なのです。

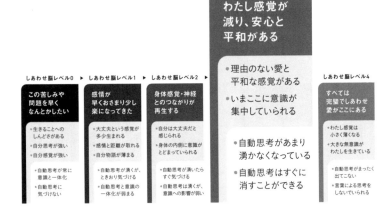

しあわせ脳レベル4

　自分を含めて、すべては完璧で、愛が「いまここ」にあると感じられます。「右脳で生きる」ことが達成された状態です。

　わたし感覚が小さく薄くなり、「大きな無意識がわたしを生きている」と感じられるようになります。「わたしが愛する」のではなく、「愛がここにある」という感覚になり、わたしという主語が消えます。

　自動思考はまったく出てきません。言葉による思考をしないままで生きる、右脳さんとともに生きる、まさに「悟った」状態です。

しあわせ脳レベル4

すべては完璧でしあわせ　愛がここにある

- わたし感覚は小さく薄くなる
- 大きな無意識がわたしを生きている

- 自動思考がまったく出てこない
- 言葉による思考をしないでいられる

しあわせ脳レベル0　この苦しみや問題を早くなんとかしたい

- 生きることへのしんどさがある
- 自分思考が強い
- 自分感覚が強い

- 自動思考が常に意識と一体化
- 自動思考に気づけない

しあわせ脳レベル1　感情が早くおさまり少し楽になってきた

- 大丈夫という感覚が多少生まれる
- 感情と距離が取れる
- 自分物語が薄まる

- 自動思考が湧くが、ときおり気づける
- 自動思考と意識の一体化が弱まる

しあわせ脳レベル2　身体感覚・神経とのつながりが再生する

- 自分は大丈夫だと感じられる
- 身体の内側に意識がとどまっていられる

- 自動思考が湧いたらすぐ気づける
- 自動思考は湧くが、意識への影響が弱い

しあわせ脳レベル3　わたし感覚が減り、安心と平和がある

- 理由のない愛と平和な感覚がある
- いまここに意識が集中していられる

- 自動思考があまり湧かなくなっている
- 自動思考はすぐに消すことができる

オリエンテーション　あなたはいつでも「右脳のしあわせ」を選べる

あなたはいま、どのレベルでしょうか？

仮にレベル0だったとしても、「自分には無理だ」と思わないでください。

この講座でもお伝えするワークを実践して、レベル0からレベル4にまでステップアップした方は大勢います。スタート地点はバラバラでも、不思議なほど同じ体感をする人ばかりです。

いざワークを始めたら、定期的に段階表のページを開いていただき、自分はいまどの段階にいるかチェックしてみてください。

意識の変容を感じられると、モチベーションもぐんぐんアップし、楽しくなりますよ。

■ ゴールは「大樹がわたしを生きている」感覚

次のイラストをご覧ください。

この葉っぱオカンは左脳だけで生きている状態です。意識の変容の段階表でいうと、レベル0となります。隣の葉っぱに対してイライラし、自分がなぜ生きているのかわかっていません。

なぜなら、自分という葉っぱの付け根の〈軸〉が見えていないからです。

〈軸〉とは、人間における身体感覚や神経にあたります。

身体感覚や神経とのつながりを感じられないと、「わたし」はポツンと空中に放り出されて、まわりの葉っぱはみんな無関係で、だから邪魔に思えてイライラするのです。「隣の葉っぱがいなければ自分にもっと日の光が当たるのに」などと、ひとりよがりの物語が発動してしまいます。

　しかし、「エレベーターの呼吸」をはじめとするワークによって、自分の体に意識を集中し、身体感覚や神経のつながりを味わって喜ぶことができるようになると、自己認識が一変します。

　葉っぱの自分にくっついている軸、その軸につながっている小枝、その小枝につながっている大枝の存在に気づき……、さらには、自分が大樹の中の小さな一部であることを察するのです。

　すると、まわりの葉っぱは「みんな自分と同じ大樹の一部」であると感じられるようになります。

　だから、隣の葉っぱに栄養がいったとしてもイライラすることなく、むしろ隣の葉っぱがしあわせになれば、自分も同時にしあわせになれると思えるのです。

　なぜなら、生きているのは〈大樹〉であり、〈大樹〉が「わたし（たち）を生きている」という感覚を覚えるからです。

この感覚は、左脳だけで世界を見ていると味わえません。左脳は、わたしという個人のしあわせとまわりの人は無関係だと切り離してしまうのです。
　一方で、意識を体に向けて、体の細胞や神経が感じていることを味わおうとすると、自然と〈軸〉から〈大樹〉を感じられるようになります。これこそ、右脳と生きる、すなわち「しあわせ脳」のゴールにほかなりません。
「大樹がわたしを生きている」感覚を目指して、ワークに励んでいただければと思います。

　さて、長くなりましたがオリエンテーションはここまで！
　本日はわたしばかりが話してしまいましたが、第1講からは、みなさんの問題意識や疑問、感想などをうかがいながら講義を進めていきたいと思います。
　講義を聞いて満足、本を読んで満足、で終わらせず、本当にみなさんが「しあわせ脳」を手に入れるよう、わたしも気合を入れて臨みます！
　それではまた、お会いしましょう！

オリエンテーションのまとめ

- 止まらない自動思考は左脳が作り出している。
- わたしたちの前には「左脳で生きる」か「右脳で生きる」か2つの選択肢がある。
- どちらを選ぶかは、自分の意思で決められる。
- 右脳で生きるとは、自動思考を止めて、「いまここ」にいること。
- 自動思考が止まると、毎日が奇跡の連続になる。
- 自動思考を司る左脳の脳神経回路を「クラウン回路」という。
- クラウン回路は使えば使うほど栄養が与えられて強靭になる。
- クラウン回路に栄養を与えないことで、自動思考は止まる。
- そのために有効な方法が、「エレベーターの呼吸」。
- しあわせ脳のゴールは「大樹がわたしを生きている」という感覚。

第 **1** 講

自動思考を止めて「いまここ」にいよう

みなさんのお悩みを教えてください！

いやー、どうもどうも、オカンです。

本日はお足下の悪い中、ご足労くださり誠にありがとうございます。

オリエンテーションに続いて、全員出席とうかがっております。うれしいです！

さてさて、本日は「左脳さん」「右脳さん」についてさらに理解を深めていただいたあと、自動思考に気づき、ストップさせるための実践法までレクチャーします。

モリモリの特盛りな内容ですので、お腹パンパンになって帰ってくださいね。消化しやすいよう、かみくだいて話しますので、ご安心ください。

講義を進めるにあたり、まずはみなさんに簡単な自己紹介をお願いできればと思います。この講座に参加された目的、いまご自身が抱えている問題などお伝えいただければありがたいです。

そちらの方から、順番にお願いいたします。

受講者A あ、トップバッターで。緊張します（笑）。わたしは脳の話が大好きなので、左脳や右脳についての理解を深めたいと思って来ました。

前にネドさんのYouTubeを拝見して、自動思考を止めることにも興味があります。よろしくお願いします。

よろしくお願いします。YouTubeもご覧いただきありがとうございます。

では、次の方どうぞ。

受講者B はい。いい年して恥ずかしいのですが、わたしは若い頃からずっと、漠然とした生きづらさを感じておりました。ネガティブな思考に陥ると、いつまでもクヨクヨ悩んでしまい、気持ちの切り替えができません。そういう自分を変えたくて、今回は参加させていただきました。ネドさんのお話を聞くのは、この講座が初めてです。友人に勧められて、本日は参加しました。いろいろ勉強させてください。

ありがとうございます。本日お伝えするワークを実践していただければ、ネガティブなぐるぐる思考は必ず消えていきますので、楽しみにしてください。

では、次の方どうぞ。

受講者C　本日は新幹線に乗ってはるばるやってきました。今日という日をすっごく楽しみにしていて、夜眠れなかったくらいです。わたしは物心ついた頃から左脳の声がものすごくうるさくて、たまたまネドさんの動画に出会い、「そういうことだったのか！」と衝撃を受けました。この講座を通して、なんとか左脳のおしゃべりを黙らせて「しあわせ脳」になりたいと思います！

　遠方からご足労くださり感謝です。この講座ではみなさんのそれぞれの状況に合わせてフォローアップしていきますので、ぜひこの機会に「しあわせ脳」へと変貌を遂げてください！　では、お次の方。

受講者D　わたしは、ネドさんの言う人間本来の姿、右脳の至福の感覚というものを体験したく参加しました。よろしくお願いします。

　ありがとうございます。2か月後を楽しみにしていてください。次の方どうぞ。

受講者E　ネドさんの本を読んだり、オンラインサロン

の動画を見て、これまで自分が感じていた生きづらさは左脳が原因で、誰のせいでも自分のせいでもないことを気づかされて、すごく救われました。

　こんな自分でも人生を楽しんでいいんだ、楽しめるんだ、しあわせになれるんだと思うと、涙が溢れてきました。もちろんうれし涙です。

　動画でネドさんの声を聞くと、もともと体の中にあった安心感みたいなものが自然と湧いてきて、これをライブで感じたいと思って今日は参加させていただきました。たくさん勉強します。よろしくお願いします。

　ありがとうございます。「もともと体の中にあった安心感」という言い方が素敵ですね。そうです。わたしたちは生まれながらにしてすべてを持っているのですから、自動思考さえストップすれば、誰でもしあわせになれます。一緒にしあわせになりましょう。では、お次の方どうぞ。

受講者F　わたしの場合は、長年心の奥底のほうから湧き上がってくる恐怖感や不安感をどうしても拭いきれなくて……今回はそれを解消して、安心できる、できれば至福というものを味わえるいい人生を送りたいと思い、参加させていただきました。

ありがとうございます。ぜひ、「しあわせ脳」になりましょう。恐怖や不安の多くは、未来を心配する左脳さんが生み出しています。常に「いまここ」にいることを選び、体の声を聞き、至福を味わえるようになりましょう。

お次の方どうぞ。

受講者G わたしは優柔不断なので、直観を鍛えたいです。ネドさんの本に直観のことが書かれていて、いろんな物事を直観で決められたら生きるのが楽になりそうだと。

なるほど。とっても楽になりますよ〜。自動思考が消えれば、自然と右脳さんが現れて、直観が冴え渡るので楽しみにしていてください。続いて、どうぞ。

受講者H　いまから10年ほど前ですが、カイロプラクティックで施術されたとき、意図せずすごい多幸感を覚えたことがあります。それを再現したくて、いろいろなワークを試したのですが、満足する結果が得られず、さまざまなスピリチュアルを渡り歩いていました（笑）。

　あきらめかけていた頃、ネドさんのご本を読んで、「あの多幸感はこれだったんだ！」と気づき、今回は参加しました。今度こそがんばって、自動思考を手放したいと思っています。

　ありがとうございます。わたし自身、「エレベーターの呼吸」に出会うまでは、まさにあなたのようにさまよっていました。ぜひ2か月間、みっちりワークに取り組んでみてください。それでは、次の方。

受講者I　これまでさまざまなスピリチュアルの勉強をして、ワークにも取り組んできたのですが、いろいろなことをしなければならないワークに疲れ果てました。ワ

ークすること自体が苦しかったです。

　だからネドさんが「いろんなものを探さなくていい」「ぜんぶ自分の中にある」とおっしゃっていて、その言葉にとても救われました。

　あと、「いつもしあわせな気持ちでいられる」って、そんなふうになれたらどれだけうれしいかな、どれだけ気楽かなと思いました。本当にそれを体験したいなと思って、めちゃくちゃ楽しみにしています。

　これまで大変でしたね。何かを手に入れなくても、何かを引き寄せなくても、「いまここ」にいるだけでしあわせって、最高ですよ！　ぜひこの感覚をつかんでいただければと思います。それでは、お次どうぞ。

受講者J　参加した理由は、左脳の自動思考が止まらない！　なんとかしたい！　からです。いまは反抗期の子どもの子育て真っ最中で、毎日が戦いで、ぐるぐる思考が止まりません。そのせいか、やや不眠気味のところもあって、身体的にもつらくなってきました。

　オリエンテーションで、ネド先生も育児や介護に疲れていたことを知り、とても共感しました。次はわたしが！と思っています。この講座を通してわたしが変わることで、家族にもいい影響が与えられるように本気でがんば

ろうと思っています。

　ありがとうございます。介護や育児、家族関係、お金など、現実的な問題とどのように向き合えばいいのか、この講座でぜひマスターされてください。
　あなたが変われば、あなたが上昇気流になって、家族みんなをしあわせにできることでしょう。ともにがんばりましょう。次の方、どうぞ。

受講者K　娘が、過去にとらわれたり、未来に不安を抱いたりしやすく、パニックになることがあります。ネドじゅんさんの本を読んで、やっぱり「いまここ」にあることが大切なのではないかと思い、わたし自身がその感覚を体験して、娘にアドバイスできればと考えています。よろしくお願いします。

　あなたが変化していくことが、娘さんにも好影響を与えるはずです。がんばりましょう。

受講者L　仕事がものすごく忙しくて、脳や感情にすごい支配されている感覚があります。思考はフルスピードでぐるぐる回っているし、でもそうしなければ仕事に対応できないというジレンマがあります。

そういう状態から解放されて、もっとクリエイティブに仕事をして、人生を楽しく生きたいと思い、今回は友人に勧められて参加しました。

　そのお悩み、わかります。確かに仕事では、左脳さんが活躍しなければ対応できないことが多いでしょう。一方で、左脳さんばかりが活躍していると、感性やクリエイティビティは枯渇し、幸福感も感じられず、「わたし、なんで生きているんだ？」状態になってしまいます。ぜひ、この講座で「右脳で生きるコツ」をつかんでいただければと思います。

では、お次の方。

受講者M　本を買ってトライしているんですが、なかなかじっくり向き合えていません。この機会に右脳回帰し、直観力を鍛えて、仕事の効率をよくしたいと思っています。

　一人きりだと継続が難しくても、このような場でみなさんと一緒にワークに取り組んでいただけば、やる気も倍増するはずです。ともにがんばりましょう！

　さてさて、みなさま改めてありがとうございます（編注：実際のセミナーでは、受講者34名全員に自己紹介をしていただきました）。
　こんな大勢の前でマイクを使って発言するのは勇気がいると思いますし、緊張して頭が真っ白になりがちですよね。わたしもよく経験しております。
　そんな中、みなさんのお悩みやお望みをお聞きできて、とてもうれしいです。ご期待に沿える講座にしたいと思います！
　それでは本題に入ってまいりましょう。

左脳さんと右脳さんの違いを体感してみよう

　まずはじめに、「左脳さんと生きる」と「右脳さんと生きる」は、実際にどういう感覚の違いがあるのか体験していただきましょう。

　わたしたちは前方の見通しを未来、後ろの進んできた道を過去とイメージします。それを断ち切るとどう感じるでしょうか？

■ 左脳さんを体感するイメージ＝シャッター

まず、その場で目を軽くつぶってみてください。

そして、イメージしましょう。

いま、あなたの前方3〜5メートルくらいの位置に、空から白いシャッターが壁のように地面まで下りてきました。左右にどこまでも続いている真っ白なシャッターです。視界がふさがり、前方が見えなくなりました。

次に、あなたの後方3〜5メートルくらいの位置に、同じ真っ白なシャッターが下りてきました。

あなたは、前と後ろを壁のようなシャッターにはさまれた状態になります。左右は見えます。絵にするとこんな感じです。

どんな気持ちになっていますか?
人によっては、少し息苦しさを感じているかもしれません。苦しさを感じる人は、目を開けてイメージをリセットしていただいて構いません。

続きまして今度は、もっと手前、前方1メートルくらいの位置、手を伸ばしたら触れられるくらいの位置に、シャッターが空から下りてきて地面まで達しました。
後方にも同じように、1メートルくらい後ろにシャッターが下りてきます。一歩後ろに下がったら、お尻が当たるくらいの位置です。

スペースの窮屈さに、体の中がざわざわしてきたかもしれません。
　前方が未来、後方が過去だとすれば、「いまここ」の中にだんだん押し込められているような感じになります。

　そして今度は、顔の前ギリギリの位置にシャッターが下りてきます。シャッターの白色以外、何も見えません。
　後方にもやはり、お尻をちょっと突き出したら当たるくらいの位置にシャッターが下りてきました。
　その結果、あなたはいま、横向きに歩くことしかできない狭い路地のような空間に一人でいます。シャッターの白色が目の前にあるだけで、前方がどうなっているか、後方がどうなっているか、まったくわかりません。

息苦しさを感じる方が多いと思います。

では、目を開けてくださって大丈夫です。
みなさん、どんな感覚でしたか？

受講者A　息苦しかったです。
受講者B　わたしも。そして不安になりました。

　その息苦しさこそ、左脳さんにとっての「いまここ」なのです。
　左脳さんを「いまここ」に押し込めようとすると、「もうイヤ！　こんなの耐えられへん！」という感じになります。
　左脳さんは、「未来を見たい」「過去について考えたい」という特性があるため、「いまここ」を感じるのが苦手です。
　たとえば、映画館で映画を観ているとき、「晩ご飯は何にしようか」と未来のことを考えたり、「昨日どうしてあんなミスをしちゃったんだろう」などと過去について考えたりするのは、左脳さんのしわざです。
　左脳さんは、「いまここ」にあるものを「味わう」ことができないのです。
　それでは次に、「いまここ」を快適に過ごす体験をし

てみましょう。

■ 右脳さんを体感するイメージ＝ずっと温泉

あなたは、超高級温泉旅館にやってきました。1泊15万円とかする、自然豊かな、誰もが一度は行ってみたくなる温泉旅館です。

あなたは最高級の料理をいただいたあと、貸切露天風呂に一人でやってきました。

実際にその場にいるように、イメージを膨らませましょう。

あ、服は脱がなくていいですよ。そのままでなにとぞお願いいたします。

イメージの中で服を脱ぎ、これからすばらしいお湯に入ろうとしています。

では、目を閉じてください。

あなたは露天風呂の湯の中に、一歩一歩とつかっていきます。

肩までお湯に入りました。なんという温もり。

すると、すがすがしい風が吹いてきて、お顔をスーッと撫でていきました。気持ちいい。

きれいな葉っぱがサラサラ揺れる音がします。

近くを流れる川の水音が静かに聞こえてきます。

みずみずしい森の香りが漂ってきて最高にリラックスできます。
　せっかくこんなにすばらしい温泉に来たので、思う存分堪能(たんのう)しましょう。
　さあ、お湯を手ですくって、温泉の香りを嗅いでみましょう。
　肩や顔にパシャパシャかけて、全身で温泉を味わいましょう。
　体はホカホカに温まって、風が吹くとよりいっそう気持ちいいです。
　ずっとこの温泉につかっていたい。なんて気持ちいいんだろう。

この状態が、右脳さんの感じる「いまここ」です。
　右脳さんは「いまここ」に集中して、「いまここ」の体の中の神経が感じていることを味わうのが得意なのです。受け身でただ感じるのではなく、積極的に関心を向けて、味わうんですね。

　では、みなさん目を開けて、戻ってきましょう。名残(なごり)惜しい人は、ずっと温泉に入っている気分のままでいいですよ。
　温泉につかっているとき、左脳さんの声、すなわち自動思考はまったく聞こえなかったのではないでしょうか。
　右脳で生きるとは、「いまここ」を全身で味わうことなのです。

　わたしは24時間ずっと、どんなに平凡な日常を過ごしていても、高級温泉に入っているような状態で過ごしています。
　常に体の神経が感じることに意識を向けて、それを大切に味わっています。
　自分の体の中には、大きな森やジャングルの大小さまざまな生物たちの数と同じくらいの数の細胞が生きていて、思考なんてしなくても、腸は働き、血液は循環し、呼吸をすれば肺と心臓が酸素を全身に運んでくれます。

「いまここ」にある体の神経や細胞の声に耳をすませて、味わう。

　味わい続ける。

　これが、右脳さんとともに生きるスタンスなのです。「味わう」とは、「積極的に感じる」ということです。味わうことを意識していると、自動思考はあまり湧いてきません。

　右脳さんが、左脳さんより意識の前面に現れるからです。

　だから、自動思考がうるさいときは、体が感じていることを味わうようにしてみましょう。

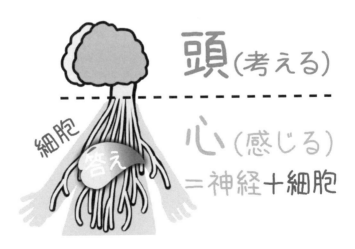

知るだけで武器になる！
自動思考の傾向と対策

　さてさて、ぼちぼち自動思考を止めるための実践に移っていきましょう。

　参加者のみなさんの中には、自動思考が悩みの種だと自覚されている人が何人かいました。その方々は、意外かもしれませんが、自動思考を止めやすいタイプです。

　多くの人は、自動思考が起きていても、それに気づいていない場合がものすごく多い。なぜなら、自動思考をすることが日常的に当たり前になっているからです。

　あなたの意識が感知しないところで自動思考が発生していると、左脳の脳神経回路（クラウン回路）は太く強靭なままです。オリエンテーションでお伝えしたように、クラウン回路は利用されれば利用されるほど、グリア細胞から栄養をもらって太く強靭になっていきます。

　その状態でワークを実践しても、なかなか自動思考は止まりません。クラウン回路が強敵すぎるからです。

　だから、まずは自動思考を止めると「決意」し、日常的に自動思考に「気づき」、その上で、気づいた自動思

考を打ち消す「ワーク」を実践する必要があります。

これで最短最速でクラウン回路は弱まり、やがて消失していくでしょう。

そして、意識の変容が起こり、「しあわせ脳」へと進んでいくのです。

つまり、ワークの実践の前に必要なのは、自動思考に気づくことなのです。

自動思考に気づくためには、自分がふだんどのような内容の自動思考をしがちなのか知っておく必要があります。

■ 自動思考の見分け方

自動思考はいくつかのタイプに分けられます。

あなたはどのタイプに該当するかセルフチェックしておきましょう。

① 感情的に巻き込まれやすい思考

喜怒哀楽の中でも「怒」や「哀」を伴う思考は、自動思考になりやすいです。大きく3つのパターンがあります。

まずは、被害者思考。「どうして自分だけがこんな目に」「がんばっているのにぜんぜん報われない」など、自分がいかに被害者であるかを考え続けるものです。心当た

りのある方が多いでしょう。

　次に、加害者思考。「あいつを許せない！」「論破してギャフンと言わせてやる」といった、相手にマウントを取りたい人が陥りがちな思考です。感情的にワーッと盛り上がるタイプの方に多い思考です。

　そして、かまってちゃん思考。自分に関心を向けてもらいたくても、本音を隠しているため、そのぶん「隠し事」がぐるぐる頭の中をめぐっているタイプです。「あの人が好きだけど言えない。どうしよう」など、隠し事をしているとき発生しがちです。

　これらのパターンを知っておくと、自動思考が起こったとき、「あ、これ被害者思考だ」と気づけるようになります。

　その際、「その思考が真実かどうか」はどうでもいいと考えましょう。本当に被害者か、加害者かは置いておき、自動思考に気づくことに価値があります。

　ここに挙げた以外にも、自分が陥りやすいパターンに気づいたら、ノートや手帳などに書き出しておくといいでしょう。上司と話すときこうなりやすい、家族と話すときはこうだ、と相手によってパターンは変わるかもしれません。

　あらかじめ知っておけば、次に同じような思考がやっ

てきたとき、その思考を手放しやすくなります。

② いまここで何の行動にも結びつかない思考

頭の中の思考が、「いまここで何の行動にも結びつかない」場合、それは自動思考と考えてください。

たとえば、仕事をがんばったけれどうまくいかなかったとします。そのことに対して、「あれはダメだった。失敗した」と考え続けても、いま何も行動ができないならば、それは無駄な自動思考です。

反対に、いまここで何かしらの行動に結びつき、問題の解決ができるような思考は自動思考ではありません。だから打ち消す必要もありません。

たとえば、電車の乗り継ぎを間違えないように、「何駅で降りて、何線に乗り換えて、今度は何駅で降りよう」といった思考は、行動に結びつくものなので自動思考ではないわけです。

③ 誰かとの仮想会話

自分を理解してくれそうな人を頭の中に召喚し、身の上話や愚痴などを話す仮想会話が止まらない人がいます。これも自動思考です。

仮想会話は自動思考の中でも、特に気づかず繰り返しがちです。

心の癒しになる場合もありますが、いったん「自動思考を止める」と決めたならば、「エレベーターの呼吸」などのワークで体に意識を向けて、思考をストップするようにしましょう。

　また、仮想会話にはさまざまなパターンがあります。たとえば、嫌いな相手を召喚して仮想の言い争いをするケースもあります。これなど、まさに「何の行動にも結びつかない思考」でもあるでしょう。

④ 誰かから見た自分を気にする思考

「変なやつって思われたんと違うやろか」「うっとおしいと思われてないか」などと、自分のことを他人がどう思っているか気にする思考です。他人の目線や評価を気にしてしまう方が陥りやすい自動思考だといえます。

　大人になるにつれて、他人に自分がどのように見えているか意識し、相手に失礼のないように注意している人は多いと思います。

　でも、じつは「自分を外側から見る」ことは、左脳のクラウン回路が大好物の行為です。それは、意識を体の内側から追い出す行為でもあるのです。

　「しあわせ脳」になりたければ、「誰にどう見られても気にしない」「外側のことは気にせず、体の内側に意識を向けよう」と、アドバイスします。

⑤ 止まれと命じても止まらない思考

　最もシンプルな自動思考の見分け方があります。
「止まれ」と命じても止まらない思考は、自動思考です。
「止まれ」と命じて素直に止まったら、それはクラウン回路と関係のない思考です。

　しかし、ほとんどの場合、止まれと命令してから、数秒経つとまた思考が始まってしまうことが多いでしょう。

　自動思考がうるさいときは、ぜひ本気で「止まれ」と命令してみてください。本気で止めようとしても止まらないことを体感すると、なるほど確かに「わたし自身が自動思考をしているのではない」ことに気づけます。
「自分ではなく、左脳さんの声なのだ、左脳のクラウン回路のせいなのだ」という新鮮で不思議な感覚を感じられるはずです。

　自動思考のタイプと見分け方についてお伝えしてきました。

　今日から2か月間、どんな自動思考に気づいたか、ノートなどに記録しておいてください。

　いったん休憩をはさみましょう。

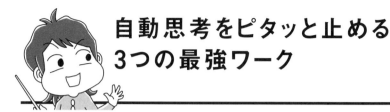

自動思考をピタッと止める3つの最強ワーク

みなさん、お戻りですね。では、再開します。

いよいよ、自動思考を止めるワークに入っていきましょう。

本日は絶賛特盛りデーなので、効果抜群の3つの手法をお伝えしたいと思います。

1つ目の「エレベーターの呼吸」は、実際にわたしの思考を消した呼吸法です。体の内側に意識を向けながら呼吸することで、左脳のクラウン回路に刺激が流れるのを一時的に止めて、その結果クラウン回路を弱らせるのに役立ちます。

また、お腹から自律神経が刺激され、意識がお腹に移行していくので、右脳の潜在能力を最大限に引き出すことができます。

2つ目の「いまここの呼吸」は、エレベーターの呼吸ほど右脳回帰の力は強くありませんが、体の内側に意識を集中しにくいときや、自動思考が止まらないとき、緊

張や不安を感じているときなどに力を発揮します。

　過去や未来ではなく、「いまここ」に意識を集中するための呼吸法です。

　エレベーターの呼吸と組み合わせて行うと、効果は倍増します。

　3つ目の「思考改行エンターキー」は、わたしが所長を務める「三脳バランス研究所」の仲間であるウェルカムレイン☆サヤカさんが考案したワークです。

　先の2つの呼吸法が、思考を消すための「根治療法」だとすれば、思考改行エンターキーは「対症療法」だといえます。

　薬が効きやすい人とそうではない人がいるように、その効果は人それぞれですが、非常に使い勝手がよく、わたしも気に入っている手法です。

　では、順にやり方を説明しましょう。

ウェルカムレイン☆サヤカさん

■ 1つ目　エレベーターの呼吸のやり方

　ノドからお腹の中を、エレベーターの丸い床が上下するのをイメージしながら、深呼吸をします。

　本物のエレベーターは床が水平のまま上下に動きますが、深呼吸しながらお腹の中でのイメージでこの動きをするのです。内臓はないものとして、お腹の中に空間があり、その空間に沿うイメージで床を上下させます。

　実際にやってみましょう。

　エレベーターの床はいま、ノドのあたりにあります。ペットボトルの丸い蓋（ふた）くらいの小ささです。

　鼻からゆっくり息を吸いながら、エレベーターの床を下げていきます。

　下げるにしたがって、床は大きくなっていきます。

　お腹の底まで床が着いたら、今度は口から息を吐きながら、エレベーターの床を上げていきます。床はだんだんと小さくなっていき、ノドのところでまたペットボトルの蓋くらいの小ささになります。

　これを繰り返すのが、エレベーターの呼吸です。
　試しに1分間、やってみましょう。

エレベーターの呼吸のやり方

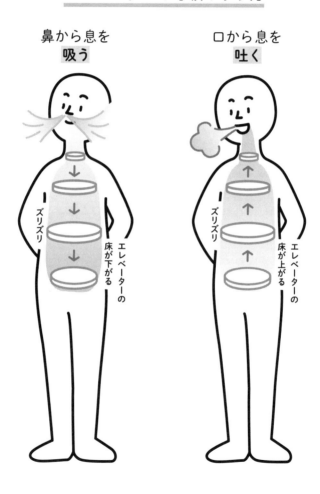

ご質問のある方、いらっしゃいますか？
　では、そちらの方。

受講者A　はじめは難しかったのですが、だんだんエレベーターの床が上下するのをイメージできました。ところで、この床って、どんな床がいいのでしょう？　何色でもいいですか？

　床の素材や色はなんでもOKですよ！　よく見る本物のエレベーターをイメージしてもいいですし、金属製でも畳でも透明な床でも花柄の床でも構いません。色も、あなたがお腹の中でイメージしやすい色で大丈夫です。

受講者B　すみません。わたしは「吐きながら下げる」ほうがうまくいくのですが……。

　それで大丈夫です！
　先ほどは、「吸いながら下げ、吐きながら上げる」とお伝えしましたが、反対に「吸いながら上げ、吐きながら下げる」としても問題ありません。
　あなたがやりやすいほうで行っていただければと思います。下げるのにゆっくり1呼吸使ってもOKです。他に何かある方はいらっしゃいますか？

受講者C エレベーターの呼吸は、「下げる」という動きをするだけではダメですか？　そのほうがやりやすいのですが。

　お腹に意識が向くのなら、そのようにアレンジしていただいて構いません。
　わたし自身、めちゃくちゃ気分がいいときは、エレベーターが体を突き破ってドーンと地面まで下がったり、反対に頭を突き抜けて空まで飛び出したりと、自由に遊んでいます。
　エレベーターの呼吸は、わたしが右脳さんから教えてもらった手法なので、みなさんそれぞれの右脳さんが、「こうしたほうがもっと気持ちいい」と言うのなら、そのやり方を自由に試してくださって構いませんよ。
　ただ、基本のエレベーターの呼吸は上下に動かすものなので、まずはここからスタートするのがよろしいかと思います。その他、何かありますか？

受講者D　はい。エレベーターの呼吸で、体の中を感じようとすると、エレベーターの進みが遅くなるというか、引っかかるような感じになり、それで集中できなくなってしまいます。何か改善策はあるでしょうか？

集中が続かない場合はそこでやめて、このあと紹介する「いまここの呼吸」に切り替えるのも1つの手です。

　また、エレベーターが動かないときは動かないまま、「何かが起きているぞ」とワクワクして歓迎するのもよいと思います。「今日はすごいことが起きているぞ」くらいのスタンスで向き合ってみてください。

　以前、エレベーターの呼吸が苦手だと思っていた方が、ある日突然お腹の中の空間が広くなって、心地よくエレベーターを上下できるようになって驚いた、と言っていました。

　エレベーターの呼吸は、お腹や体から脳神経回路や自律神経とつながる呼吸法なので、日によって実践感覚は微妙に変わってくると思います。だから、動かしづらいとき、何かまずいことが起きているわけではありません。無意識から何かしらのサインが来ているのだと、前向きに受け止めてみてください。いかがでしょう？

受講者D　ありがとうございます。あまり頭のイメージを使わないほうがいいのでしょうか？

　そうですね。頭のイメージでやると、結局思考も出てきちゃいますし、慣れも生じてきます。そうではなく、お腹の中を感じることが大切です。お腹の中を感じられ

ているなら、エレベーターを動かすことに重きを置かなくても大丈夫ですよ。

受講者D よくわかりました！　やってみます！

　エレベーターの呼吸は、頭で空想するのではなく、お腹の中を感じることが大切です。
　お腹が痛いときには、お腹に意識が向くと思います。その感覚と同じで、お腹の中に意識を向けて、エレベーターが動いていることを感じましょう。
　また、エレベーターはスムーズに上下させるのではなく、お腹の内側の壁をズリズリ擦るように動かしましょう。
　ズリズリ擦っているところをリアルにイメージしたほうが、意識が体の内側に向きやすくなるからです。
　わたしたちの脳からは、太い自律神経が何本も脊髄を通って伸び、それぞれが内臓に巻きついています。エレベーターの呼吸をすると、自律神経を刺激するので、右脳の覚醒につながるのです。
　体の内側に意識を向け、グリグリと自律神経をマッサージするようなつもりで呼吸すると、右脳の活性が早まるでしょう。

■ 2つ目　いまここの呼吸のやり方

「いまここの呼吸」のやり方は、「いまー」と心の中で言いながら鼻から息を吸って、「ここー」と心の中で言いながら口から息を吐きます。鼻から吸って、鼻から吐いても構いません。これだけです。

実際に声を出す必要はなく、心の中で思うようにしましょう。

「いまー」と思って吸うときは、体の内側に意識が吸い込まれていくイメージを持ちます。体の中に雲のような意識がふわっと吸い込まれていく感じです。

たとえば座っていたら、お尻が感じている重さ、足が感じている重さ、肩や背中の緊張などにうっすら気づきながら、それらの体の感覚が、「いまー」と吸うとき、ふわふわっと体内に入ってくるイメージです。

それを続けていると、過去や未来ではなく、「いまここ」の自分の体に意識を持っていきやすくなります。

また、
・自分の頭から足まで、1本の軸が通っている
・自分は箱の中に入っている

こうイメージすると集中しやすいです。

外部の情報がシャットアウトされ、「いまここ」にある体に意識を向けやすくなります。

いまここの呼吸のやり方

鼻から息を **吸う** ＼いまー／　　　口（または鼻）から息を **吐く** ＼ここー／

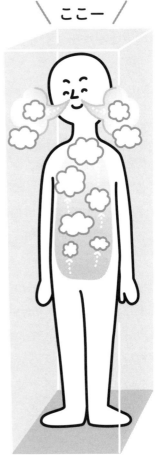

ただし、「いまここの呼吸」をしていると、いつの間にか自動思考が始まる瞬間があります。「どうして昨日、あんなこと言っちゃったんだろ」「夕飯のメニューは何にしようかな」といった、過去や未来に関する思考です。
　自動思考の存在に気づいたら、口角を上げてニッコリし、小さくガッツポーズしてみてください。親指を立てるポーズでもOKです。「自動思考を見つけた。やったぞ！」というサインを体に送ってあげます。
「いまここの呼吸」は、ここまでがワンセットです。

　ここまで、何かご質問はありますか？

受講者E　口角を上げたり、ガッツポーズをすることには、どんな効果があるんでしょうか？

　それは、左脳のクラウン回路（44ページ）に対抗するためです。
　クラウン回路は、自分が栄養を貪り食うために、別の神経が思考以外のこと、すなわち体に意識を向けることを嫌います。神経回路は「使われた部分が強化される」仕組みになっているため、他の神経が使われると、クラウン回路は栄養を独占できないからです。そのため、「いまここの呼吸」をしていると、左脳のクラウン回路は強

引に自動思考を始めるのです。

　そこでわたしたちができるのは、気づくことです。そして、口角を上げてガッツポーズをすると、脳に対して「快」のサインが送られます。自動思考に気づけたことは、いいことだったと脳に教えてあげるんです。すると、自動思考がストップしやすくなります。

　もちろん、クラウン回路が強靭なときは、なかなか思考は止まりません。けれど、思考に気づくたびに繰り返していると、クラウン回路はだんだん弱っていきます。

　クラウン回路からしたら、「もっと自動思考してほしいのにしてくれない。しあわせそうにガッツポーズなんかしちゃって。キーッ」となっている状態です。

　「いまここの呼吸」中ではなくても、自動思考に気づいたときは、口角を上げてガッツポーズをするのが効果的といえます。

受講者E　よくわかりました。ありがとうございます。

■ 3つ目　思考改行エンターキー

　自動思考に気づいたら、パソコンのエンターキーを思い浮かべて、勢いよく「ターン！」と押してみてください。改行するんです。

　すると、それまでダダダダダダダダと脳内に打ち込まれていた自動思考が、ピタッとストップします。ほんのわずかな時間かもしれませんが、確かに思考が止まるんです。

　改行をすると、空白の行が生まれます。左脳さんはそれに騙（だま）されて、思考をするのを一瞬ストップしてくれます。

　思考が止まる時間はたった数秒かもしれません。

　でも、この数秒が大切です。自動思考が頭の中を駆け巡っていない静かな時間を、温泉に入っているように味わいましょう。体の中から「しあわせな静寂（せいじゃく）」を味わうのです。

　たとえば、電車の中で「なんか嫌な感じの人がいる」と自動思考が始まってしまったら、その場でエンターキーを「ターン！」と押すと、その思考はいったんストップします。その空白の時間に、「エレベーターの呼吸」や「いまここの呼吸」をして体に意識を向ければ、自動思考の悪循環から抜け出しやすくなるでしょう。

思考改行エンターキーのやり方

思考改行エンターキーがあれば、ネガティブな思考にとらわれそうになったときも、いったんリセットすることができます。

エンターキーを押しても、自動思考が強い人は、左脳がすぐに反論してくるでしょう。特に「思考の中身」が正しい場合に多いです。

思考の中身が正しいと、「もっとしっかり考えなきゃ」「そんなんじゃダメだ」といった具合に、自動思考の連鎖が止まりません。

エンターキーをしっかり機能させるには、思考の中身が正しかろうが間違っていようが、「エンターキーを押した瞬間、思考がストップする」というマイルールを徹底的に守ることです。

だからエンターキーは、大袈裟なくらい強く、勢いよく、押しましょう。

キーボードが壊れてしまうくらいの勢いで（笑）。

すると左脳はびっくりして、うるさいおしゃべりをやめるはずです。

思考改行エンターキーは、いつでもどこでも使える「心のお守り」にもなる手法です。ぜひ、活用しましょう！

さてさて、自動思考を止めるための3つの手法をご紹介しました。
　連続講座の第2講までの1か月、これらの手法をどのように実践していただくか、ホームワークの内容を本日最後にお伝えしましょう。

これで「しあわせ脳」へ！
1か月のホームワーク紹介

では、みなさんお楽しみの「宿題」を出します！

宿題が苦手な方もいるかもしれませんが、たった2か月で「しあわせ脳」になるためのメニューを用意しましたので、ぜひ楽しんで行ってください。

宿題は、次の3つです。

宿題1：毎日、未来ピンを立てる
宿題2：自動思考を止めるワークの実践
　　　・エレベーターの呼吸
　　　・いまここの呼吸
　　　・思考改行エンターキー
宿題3：自動思考を解析する

未来ピンってなんぞや？
それぞれ解説します！

■ 宿題1：毎日、未来ピンを立てる

　未来ピンとは、「その未来にたどり着くぞ！」と決めたところに、イメージ上のピンを打つワークです。

　未来といっても、先々の希望ではなく、その日に実現したいことにピンを立てます。たとえば、「新しくできたカフェに行く」「不燃ゴミを捨てる」など、その日に簡単に叶いそうなことでOKです。

　コツとしましては、実現し終わったあとの、うれしい気持ちを感じているあなた自身をイメージし、そこに未来ピンを打ちます。「不燃ゴミを無事に出せて、家に戻る途中のあなた」を目標地点にするのです。

　その未来ピンの中に、「自動思考を止めるワーク」についてのピンを打つことが宿題の1つです。「エレベーターの呼吸を目標回数できた自分」をイメージし、その未来にピンを立てます。

　ピンを立てるのは、毎朝まとめてでも、気づいたときに随時行うかたちでも構いません。

　ピンを立てたら、そのことは無理に覚えておく必要はありません。

　忘れてしまったとしても、あなたの中の無意識（わたしは「本体さん」と呼んでいます）は覚えてくれています。

未来ピンを立てる

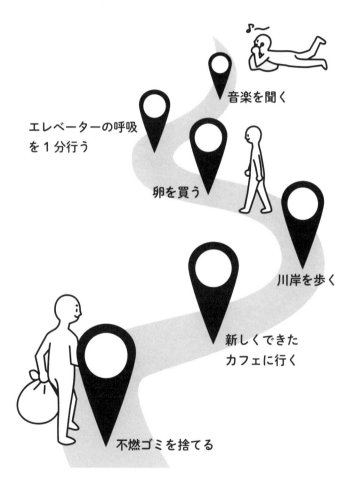

第 1 講　自動思考を止めて「いまここ」にいよう

無意識が理解しやすいように、目標にピンを立てるとき、ピンのマークを胸の中に大きく思い描きます。「いまのイメージで、目標の未来にピンを打ちましたよ」とわかってもらうためです。

　そして、現実が未来ピンのとおりになったら、「ありがとう、無意識さん」とお礼を言うようにしてください。
　そうすると、あなたの無意識は「未来ピンを立てたとおりにすれば、喜んでくれるのね」とわかってくれます。
　すると、未来ピンが実現する確率がどんどん上がってくるのです。
　わたしは毎日たくさんのピンを立てています。不安なことや先が読めないことがある場合、迷わず「ぜんぶが通り過ぎて、うまくいった未来」にピンを立てます。
　すると、特別なことをしなくても、自動的に現実はそのとおりになります。もちろん中には叶わないこともありますが、その場合は無意識さんのほうが何か違うことを訴えているのだな、いまはそのほうがいいのだな、と解釈できるのです。
　未来ピンのおかげで、人生を自分の判断ではなく、強力な相棒とともに生きていくことができます。

　自動思考を止めるワークを実践するにあたって、未来

ピンを上手に活用していただければと思います。あなたの無意識にワークをサポートしてもらうためです。

1か月の間、毎日ワークを実践するのは、どうしてもモチベーションを維持できない場合があります。

そんなとき、未来ピンを立てておけば、無意識の力をお借りして、スムーズに継続することができるでしょう。

未来ピンにご質問がある方、いらっしゃいますか？

受講者F 未来ピンを立てて、ほとんどのことがうまくいかなかったら、どう考えればいいのでしょうか。

無意識のせいにしてください。「次はもっと話を聞いてよね」というスタンスをとり、自分を責めたり、自分に何か欠けていると考えたり、やり方がおかしいのかと考えたりしなくても結構です。続けているうちに、必ず叶うことが増えていきますから。

でも、どう考えても叶わないだろうというピンばかり打たないでくださいね。1億円拾う、とか（笑）。

受講者F わかりました（笑）。叶いそうなものから始めたいと思います！

受講者G 横から失礼します。未来ピンは、やっぱり1

日スパンで立てるのがいいのでしょうか。1か月後、こうなっていたいというピンはダメなのでしょうか？

　わたしもいろいろ試しているのですが、1日スパンが最も使いやすくて効果的だと感じています。1か月先に「こうなっていたい」と未来ピンを立てると、効かないこともないですが、そのくらい先になると、どうしても左脳さんが反応してきちゃうんです。そのピンのことを左脳さんが思い出して、あれやこれやと思考を始めてしまいがちです。
　未来ピンのいいところは、そのことを「忘れて」、無意識に委ねるところですので、最初のうちは1日から始めてください。うまくいくようになってきてから、「壮大な未来」のピンを打っていただければと思います。
「1年後に1億円稼ぐ」（拾うではなく）、という未来ピンを打ったとしたら、仮にそれが実現しなくとも、そこに向かった行動はとれるようになるはずです。

■ 宿題2：自動思考を止めるワークの実践
（エレベーターの呼吸、いまここの呼吸、思考改行エンターキー）

自動思考を止めるワークは、次の要領で行っていただければと思います。

[エレベーターの呼吸]
・毎日、最低1分行う（朝、もしくは寝る前の1分からスタート）
・自動思考に気づいたら、1分行う

[いまここの呼吸]
・外出中やメンタルが不安なときに1分行う
・エレベーターの呼吸に集中できないときに行う

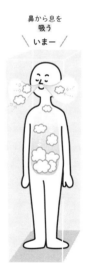

[思考改行エンターキー]
・自動思考に気づいたら、行う（その後、「エレベーターの呼吸」もしくは「いまここの呼吸」を行う）

はじめは、このような考え方で実施していただければと思います。

エレベーターの呼吸の「1分」というのは、継続することを第一に考えた時間設定です。エレベーターの呼吸やいまここの呼吸は、やりすぎて悪いということは一切ありません。やればやるだけ効果が期待できます。
「右脳革命」を起こすためのおおよその目安は、エレベーターの呼吸を1万回です。
　実際わたしは、右脳回帰するまでの半年、エレベーターの呼吸をしまくっていました。
　オンラインサロンの会員の方々と一緒に、「エレベーターの呼吸を、みんなと一緒に1時間ぶっとおしで行う」という企画をしたことがあります。
　すると、それまで意識の変容を感じられなかった人で

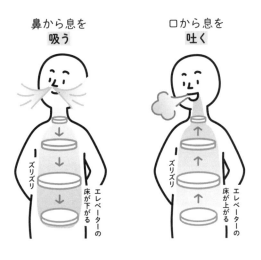

も、ついに自動思考が止まった方もいます。
　筋トレと同じで、やればやるほど、ワークの効果は期待できるのです。

　とはいえ、毎日30分ワークをしようとなると、1か月継続するのはかなりハードルが高いと思います。
　だからこそ、先ほどお伝えした「未来ピン」を上手に活用していただきたいのです。
　習慣化が苦手で、1日1分でも呼吸法を続けられるか不安だという方は、無理に「毎日呼吸法をしなくちゃ」と考える必要はありません。忘れてしまう日があってもOKです。
　その代わり、朝起きたときに必ず「今日は呼吸法をする」という未来ピンを立てるようにしましょう。実際にするかしないかは別にして、「未来ピンを立てる」ことだけを実践すればいいのです。
　これなら、どんなに習慣化が苦手な人でも継続できるでしょう。

■ 宿題3：自動思考を解析する

　自動思考に気づいたら、その量（時間）や種類（82ページ）、そのときの感情や感覚、どのように対処してどんな結果が得られたかなどを記録しておいてください。

　これは毎日でなくていいです。気づきや発見があったとき、次ページを参考に記録していただければと思います（ノートなどを用意するといいです）。

　それを見返したとき、自分の自動思考の傾向やクセがわかるので、適切な対応策がわかってくるはずです。

　人によっては、「思考改行エンターキー」がものすごく効果的な場合もありますし、「エレベーターの呼吸」を続けていくうちに、いつのまにか自動思考の時間が短くなる人もいるでしょう。

　また、114ページに、宿題を行う際の1日のタイムスケジュール例を紹介します。モデルケースとして参考にしてみてください。

自動思考解析ノート　〇月△日

- 7:00

  目覚めてすぐ、ベッドの中で
  「今日の仕事がうまくいくかなぁ」と、
  ぐるぐる考えてしまった

  　　②いまここで何の行動にも結びつかない
  　　　→「思考改行エンターキー」で、いったんストップ

- 8:00

  朝食を食べながら、
  「あのプロジェクト、来月までに終わるかなぁ」と、
  また仕事のことを考えてしまった

  　　②いまここで何の行動にも結びつかない
  　　　→「思考改行エンターキー」で、いったんストップ

1日のタイムスケジュール例

午前7時：起床
▶ ベッドの中で「未来ピン」を立てる。

―

午前8時：身支度／朝食
▶ 自動思考が出てきたら、「思考改行エンターキー」。

―

午前8時30分：通勤電車／仕事（家事）の前
▶ 「エレベーターの呼吸」で体に意識を向ける。

―

午前9～12時：仕事（家事）
▶ 「いまここの呼吸」で自動思考から離れて仕事に集中する。

―

正午：昼食
▶ 午後の予定が憂鬱なときは、「思考改行エンターキー」＆「エレベーターの呼吸」で先のことを考えすぎない。

―

午後2時：会議／苦手な人と会う
▶ 緊張や不安があるときは、「いまここの呼吸」で心を落ち着かせる。

午後5時：**仕事（家事）**

▶ イヤなことがあり自動思考が始まったら、**「思考改行エンターキー」**に助けを求める。時間があれば**「いまここの呼吸」「エレベーターの呼吸」**も行う。

午後6時：**帰宅中**

▶ 心身が疲れていたら、**「エレベーターの呼吸」**で体に意識を向ける。

午後7〜9時：**夕食／入浴**

▶ リラックスタイムに自動思考が現れたら、即座に**「思考改行エンターキー」**を。

午後10時：**フリータイム**

▶ 未来ピンの結果をチェックする。ルーティーンの「1日1分の**エレベーターの呼吸**」をじっくり行う。自動思考のクセに気づきがあれば「自動思考解析ノート」に記録する。

午後11時：**就寝**

▶ **「思考改行エンターキー」**を打ってから寝床に。自動思考をベッドに持ち込まずに眠る。

もちろん、生活スタイルは人それぞれですから、ワークの実践法もみなさんそれぞれのやり方で構いません。
　ワークを進めていくと、「これで正しいのかな？」「うまくいっているかな？」と迷うこともあると思います。でも、すべてを頭で理解する必要はありません。

　ちょうど昨日、講座の準備をしているとき、わたしの無意識（本体さんと呼んでいます）からメッセージが届きました。それは、「わからない空白であってくれ」「スカスカのわからないままでいてくれ」というものでした。
　これほど強く響くメッセージは久しぶりでした。人生で3回目くらいです。
　思わず、息を飲みました。
　思考によって理解できるのは、世界のほんの一部分にすぎません。思考にできる限界は、「わからない」ということがわかること、だと教えられました。
　わたしたちは、「わからない」「スカスカである」ことに気づけたとき、右脳さんや本体さんが総出になって、わたしたちに世界の楽しみ方、しあわせになる方法を教えてくれるのだと思います。
　自動思考をストップさせるのに、理屈は必要ありません。
　理屈を手放して、体の感覚に意識が向かって、初めて

思考は止まります。

さあ、これからの1か月、頭をカラッポにして、24時間温泉に入っている気持ちで過ごしていきましょうね！

では、最後に何かご質問がある方は、どうぞ！

受講者H　あの、ワークのことと離れてしまうのですが、右脳で自由に生きていて、人間関係で衝突が起きるなどの不便はありませんか？

まったくないですね。むしろ無用な争いごとはなくなりました。

右脳で生きていくと、自分という存在が「いまここ」にしかいなくなります。その代わり、世界を非常に長いスパンで捉えられるようになります。

たとえば、隣人がすごく怒っていたとしても、1年後その怒りは持続しているわけはないですよね。

だから、相手の怒りが問題にならないというか、「そのうち消えますよね」みたいな余裕な感じになるので、怒っている相手のドラマ（物語）に乗っからないんです。ガーッと何かを言われても、そうなんですかぁ、すみません、みたいな感じでニコニコ言って、おしまい。決して相手の感情を受け取らないんです。

体が常にしあわせなので、それができるようになります。こんな感じで大丈夫でしょうか？

受講者H　はい！　右脳で生きるって、浮世離れしているというより、常にしあわせだから余裕が生まれるって感じなんですね。ありがとうございます！

受講者I　わたしも質問させてください。個人的なことで恐縮ですが、わたし、夫とのケンカが絶えないんです。ネドさんは、思考が消える前とあとで、旦那さんとの関係で何か変化はありましたか？

　変わりましたね〜。ぶつかることがなくなりました。夫が怒っていても、生命力が発動してるなーとか、すごーいとか、やるなーとか、そんなノリなので、向こうもだんだん穏やかに落ち着いていった感じですね。感化されるんですよ、人はまわりの人間に。

受講者I　羨ましいです。

　誰でもそうなれますよ、自動思考さえ消えれば。

受講者I　がんばります！　絶対消します。

　がんばってください！
　そろそろ時間のようです。最後のお一人、どなたかご質問があれば。

受講者J　わたし、数年前から英語を勉強しています。理想の自分に近づきたい、変わりたいっていう気持ちが

あります。

　でも右脳に回帰して、「このままで十分しあわせ」っていう状態にならなくちゃいけないんだなってことがわかりました。

　そうすると、英語の勉強は逆効果じゃないかなとか思っちゃったりして、やめたほうがいいのかなとか思うんですけども、どうなんでしょう。

　それはですね、左脳にはクラウン回路以外にもさまざまな神経回路があります。学びたいという気持ちは左脳の良質な機能から生まれています。左脳さんの機能のすべてが悪ではないのです。

　むしろ「こんなことやったら逆効果かな」と思考することこそ、自動思考なんです。

　自動思考が止まれば、そのぶん脳のリソースに空きが生まれるので、集中力が増します。だからぜひ、自動思考を止めることと英語の学習の両方をやっていただければと思います。

受講者J　安心しました。よくわかりました。ありがとうございます。

　さてさて、残念ながら、時間がきてしまいました。

本日は山盛りの内容でお伝えしたため、頭が沸騰されている方もいるでしょう。わたしも正直、知恵熱が出ております（笑）。

　本日はここまでです。

　長時間ご清聴くださり、誠にありがとうございました。

　温泉旅館にでも行って休みたいところですが、そうもいかない方がほとんどでしょう。

　でも、わたしたちには「右脳」があります。今日の夜は温泉につかっているイメージを味わいながら、ゆっくりと癒されてください。

　それでは、1か月後に再会しましょう！

　みなさんが「しあわせ脳」に近づいていることを楽しみにしております。

第1講のまとめ

- 左脳さんと「いまここ」にいると、シャッターに閉じ込められた感覚になる。
- 右脳さんと「いまここ」にいると、高級温泉につかっている感覚になる。
- 自動思考のタイプを知っておくと、その後、同様の思考を手放しやすくなる。
- 自動思考を止める3つのワーク(エレベーターの呼吸、いまここの呼吸、思考改行エンターキー)を行おう。
- 未来ピンを活用し、無意識の力を借りて、宿題を行おう。

第 2 講

大切なことはぜんぶ「お腹」が教えてくれる
（1か月後）

受講者はたった1か月で「しあわせ脳」に近づけたのか!?

どうもどうも。まいどオカンです。

みなさんにまたお会いできてうれしいです。

ではさっそく、この1か月のホームワークの成果について、順番にうかがいたいと思います。

何かの発見や体感の変化などあったでしょうか?

受講者A　はい。すごい変化を感じました。エレベーターの呼吸でお腹のほうに意識を持っていくと、頭が静かになるという感覚がわかってきました。これからも続けていけば、どんどん静かになるぞ、と思っています。

すごい。自動思考が止まり始めているんですね!

受講者A　はい。たまに気持ちのいい至福の時間が訪れることもあります。

やったね!　そこまで行ったら、「しあわせ脳」まっしぐらです。ネガティブなことを考え続けるのが、反対

に苦痛になっているんじゃないですか。

受講者A　そういえば、ネガティブなことはほとんど考えなくなりました。

　すばらしい。ありがとうございます。今後もぜひワークを続けてください。では、順番にどうぞ。

受講者B　自動思考の解析をしてみまして、自分の傾向がわかりました。わたしは、「目の前の光景を誰かに解説しようとしている思考」と、「急に過去を思い出してストーリーを語り出している思考」が多いと気づきました。それが楽しいときはいいのですが、ネガティブな思考が出たときはエレベーターの呼吸をして、なるべく関わらないようにしています。無意識にお任せという感覚でいると、自分でも願ってもいない場所に行けたり、想像を超えた状況が生まれたりってことが、少しですが体験できました。

　それは、思ってもいなかった場所に行けた、という現実的な変化も起きたのでしょうか？

受講者B　はい。

それはすばらしい。前回いらっしゃったときよりも、顔色がよく見えます。体調はいかがですか？

受講者B　それが、すごくいいんです。夜もよく眠れるようになりました。

　いやはや、手前味噌ですが、ホームワークの効果に驚いています。わたしから見ると、みなさん全員、細胞のひとつひとつがすごく元気になって、いらないものがなくなりシュッとしているように見えます。次の方はどうですか？

受講者C　未来ピンを始めたら、引っ越してからずっと出せていなかった不燃ゴミを、速攻で捨てることができました。そういう気軽なところから取り組むことができたので、1か月楽しく継続できました。
　先日歩いているときに、視界が伸びて世界が広がる、という感覚を感じられたんです。でもそれを頭で考えちゃうと、視界は元に戻ってしまいました。

　おお、まさに右脳に切り替わった瞬間をきれいに体験されていますね。そして、また左脳に戻った体験もその

ままされているようです。いや、すごい。もう少しで「しあわせ脳」になれるはずです。

受講者C　がんばります。

　みなさん、まだ1か月ですよね。すごいです。本来なら半年はかかる「しあわせ脳レベル3」（52ページ）に達している方が多いようです。ホームワークに集中して取り組んだからだと思います。わたし、すごく感動しております。

でも、特に変化がなかった、思考がモリモリのままだ、ということでもぜんぜんいいですよ。気楽にありのままをおっしゃってくださいね。では、どうぞ。

受講者D　左脳さんはまだまだ元気なんですけれども、自動思考は少し減ったんじゃないかな、という感覚があります。
　また、楽しみな予定がなぜかたくさんやってきたと感じます。自分で何か働きかけるとか、計画したとかではなく、ドドドドッとうれしい予定が入ってくるのです。

　すごいですね。あなたの内側の深いところの望みが、全自動的に溢れ出てきているのだと思います。これからがますます楽しみですね！
　それでは、次の方お願いします。

受講者E　わたしは仕事が忙しいとき左脳がフル回転しています。もうそれをやめようと思って、未来ピンを打ってみました。
　たとえば、締切に間に合いそうもないとき、未来ピンを打って、無意識にお任せにしてあれこれ考えるのをやめると、不思議なことにちゃんと間に合ったのです。ああだこうだとセコセコ考えるよりも、無意識にお任せし

て、自分はできる努力をすればいいとわかりました。

　それでもやっぱり仕事はきつくて、仕事をお休みしてキャンプにでも行こうかとボーッとしているとき、「キャンプに行ったら？」と誰かが話しかけてきたんです。

　これが先生の言う本体さんかなと思って、本体さんに従ってキャンプに行ったら、本当にしあわせで、「セコセコした思考はもうやめっ！」って心から思いました。

　昔だったらわたし、キャンプではなく仕事を選んでいたと思います。だからきっと、本体さんが導いてくれたんだと思うんです。

　それは、まさに本体さん（無意識）の声だと思います。
　ゴールしている自分に未来ピンを打つと、なぜか勝手に周囲の状況が整って、イメージした自分にピタッとハマることが多いのですよね。
　今回、キャンプのほうを選ばれたことは、左脳で生きるか、右脳で生きるかの分岐点になったことと思います。そんな感じでモリモリしあわせになってください。それでは、次の方お願いします。

受講者F　ネガティブな自動思考はまだ出ていますが、「思考改行エンターキー」を押して、お手洗いに行って帰ってきたら、何がイヤだったのか忘れているんですよ。も

ちろん、起きた出来事の内容は覚えていますが、感情に引っ張られることが少なくなったと思います。

たとえば、娘に怒っていたのに、トイレに行って帰ってきたら、「あれ？ なんで怒っていたんだっけ」という感じになります。娘はわりと精神的に波がある子だったのですが、わたしが怒らなくなってきたことで彼女も変わってきました。

先日、娘とスーパーに行って、娘が保冷用の氷を床にぶちまけてしまったことがありました。これまでなら、「もうイヤだ！」と娘は取り乱していたはずですが、そのときは一言「失敗しちゃった」と言っただけでした。やっぱり、わたしが変わることで、まわりの人間も変わるのだなと実感しました。

それ、本当にそうなんです。出来事に対して、あなたが思考で反応すると、まわりの人も思考で反応し、事態はややこしいことになります。自動思考を止めて、ひとつひとつの出来事に反応しなくなっていくと、こんがらがった紐がスルスルと解けていき、物事は過ぎ去っていきます。その結果、最良のゴールにたどり着くのです。

<u>あなたが変わることで、まわりもどんどん変わっていく</u>ことを、ぜひ楽しんでください。それでは、次の方。

受講者G　わたしは、奇跡みたいな体験をしました。車で高速道路を運転していたとき、エレベーターの呼吸をしていたんです。

　そうしたら、体と意識が分離したような感覚になったんです。体が勝手に運転していて、自分は控えているみたいな。すごく楽ちんに運転できました。

　これも無意識、本体さんのおかげなのでしょうか。

　おお！　まさにそうです。その感覚を得られているということは、右脳から腑脳（213ページ）へと、より深いところにアクセスできつつあるのだと思います。すごいところまで来ていますね。続いて、そちらの方どうぞ。

受講者H　エレベーターの呼吸やいまここの呼吸をして、自動思考に気づく頻度は上がってきたと思います。

　ただ、怒りとか憎しみとか、相手に向かうネガティブな気持ちはいまだ湧き上がってきてしまいます。その感情が引きがねになり、自動思考の暴走も始まってしまい……それをどうにかしたいです。

　怒りや憎しみの感情を抱くと、怒りホルモンみたいなものが血管の中を駆け巡るそうです。そうすると、「ああ言ってやる！」「許さん！」と思考が誘発されますが、

やがてホルモンが消化されて消えると、感情が過ぎ去るのです。

　だから怒りへの対処としては、怒りを感じないようにする、のではなく、「怒りを客観的に楽しむ」という姿勢をおすすめします。怒りの感情がほとばしったとき、「お、怒っているな」と観察してみる。するといったん感情から切り離されます。そうしているうちに怒りホルモンもなくなり、いつまでも感情を引きずらないですみます。ぜひ、試してみてください。

受講者H　そんなカラクリがあるんですか。心がけてみます。

　感情を伴う自動思考への対処法については、あとで詳しくお伝えする予定です。楽しみにしてください。では、次の方どうぞ。

受講者I　わたしは営業職なのですが、これまでは話し方とか態度とか、すごく気をつけてきました。でも、未来ピンやエレベーターの呼吸を始めてから、「自分のままで嫌われるのならそれでいいや」と、そんなスタンスに変わってきたと感じます。苦手な人に会いに行くときや緊張する商談などでも、これまではウジウジと悩んで

いましたが、いまは「なるようになる」と思えています。

　ただ、しあわせを感じられているわけではありません。むしろ、生きることがつまらなく、どうでもいいと思っている節もあります。

　ネドさんにお聞きしたいのは、どうすれば細胞ひとつひとつが喜びを感じられるほどしあわせになれるのか。その感覚がまったくわからないので教えていただきたいです。

　わたしの体感だと、意識を体に向けると、そこにある細胞のすべてが炭酸飲料みたいにジョワー、ジョワーとするような感じがします。その感覚を感じていると、うれしくしあわせになってくるのです。

お話を聞いたところ、少しずつ左脳思考を手放されていると思います。「なるようになる」と考えられるのは、無意識に委ねることができているからです。引き続きワークを継続していただき、もっと体に意識を向けることを心がけていただければと思います。
　では、どうぞ。

受講者J　はい。わたしは犬の散歩を毎日1時間くらいするのですが、そのときずっとエレベーターの呼吸をしています。無心で歩こうと決めれば、結構できました。頭の中に言葉が浮かばないまま1時間も歩けるようになったのです。
　わたしの場合、「自動思考の解析」が効果的だったと思います。わたしは大抵「いまここにいない人」のことを考えていたのです。いまここにいない人のことを考えても意味がないし、なんの得にもならないと気づいたら、よりいっそう自動思考が止まりやすくなりました。
　そのおかげなのか、わたしは趣味でピアノを弾いているのですが、前よりも曲を覚えるのが早くなりました。これはもしかして、右脳が活性化したからでしょうか？

　そうですね。右脳に切り替わりつつあるため、本体さん（無意識）のパワーをお借りできているのだと思います。

自分の力だと解釈せず、本体さんありがとうとほめてあげれば、本体さんも喜び、ますますお上手になれるはずですよ。それでは、次の方お願いします。

受講者K　はい。左脳さんが出てこないときは、お腹から「これをしよう」と感じて、スッと動くことができるようになってきました。そうしたら、物事がとんとん拍子で進んでいくのかな、と思ったのですが、何か自分の思考を観察する自分が出てきて、独り言がうるさいわけじゃないんですけど、自分を観察している自分がいるんですね。これは左脳さんなのでしょうか？

　すごく巧妙に出てくる左脳さんですね。いまを味わっているのではなく、じっとり観察しているような感じでしょうか。

受講者K　そうです。観察する自分が常に頭の中にいて、「観察していないと何をするのかわかんない」って心配しているようなんです。ドジなことをするんじゃないかとか。無意識でそう思っているような気がするんです。

　その場合、体で「味わう」という方向に突き詰めていくことが必要だと思います。左脳さんは「思考を手放し

て大丈夫なのか？」「いや、あかんやろ」みたいな心配性な特性もあります。だから「味わう」ことを意識的にして、右脳さん優位にしていったらいいと思います。

　五感が感じることに意識を向けましょう。食べ物や飲み物をしっかり味わうことも、「味わう」回路を開いていくと思います。ではお次の方。

受講者L　はい。自動思考が働くときは、意識がすごく頭のほう、上のほうにあることに気づきました。それに気づいてからは、お腹のほう、下のほうに意識を向けるように心がけています。

　すると、なんとも言えない幸福感を感じられるようになって、ありがとうという気持ちも強くなってきて、ネドさんとこうして出会えて泣きそうなんですけど……、すべてのことに「ありがとう、ありがとう」と感謝して過ごせるようになりました。自分でも信じられません。

　すばらしいです。いまは、意識と体の神経が結びついて、右脳が開かれていく、まさにそんな体験をされているのだと思います。このままワークを続けて、どんどんしあわせになりましょう！　では、次の方どうぞ。

受講者M　じつは、1回目の講座の10日ほどあとに、10

年可愛がってきた飼い犬が寿命で亡くなりました。亡くなってすぐは、悲しみと喪失感の自動思考が止まらず、みぞおちのあたりが握りつぶされるような感覚があり、全身の器官が止まってしまうんじゃないかと思うほど苦しかったです。

　でも、エレベーターの呼吸を続けました。呼吸をすると、みぞおちの異物感は少しずつおさまっていき、そして頭のおしゃべりが消えました。その後は不思議と、至福感の中でボーッと過ごすことができています。夜もぐっすり眠れるようになりました。

　愛犬を亡くすという悲しい出来事がありましたが、物事はとてもうまく流れているように思えます。エレベーターの呼吸がなかったら、いまも立ち直れていなかったかもしれません。

　それは、おつらい体験でしたね。悲しい出来事が起きたとき、体が反応するのは自然なこと、当然なことだと思います。そんな中、エレベーターの呼吸を続けられ、体に意識を向けることで、穏やかで平和な状態を手に入れられたことに感無量です。ぜひ、これからも体と対話し続けてください。お次の方、どうぞ。

受講者N　はい……。わたしの場合は……申し上げにく

いのですが、まったく変化を感じられませんでした。毎日、ちゃんとエレベーターの呼吸をやったのですが、自動思考が止まるどころか、反対に以前より増えた気もします。ネド先生に伝えるのは、非常に心苦しいのですが。申し訳ございません。

　どうか謝らないでくださいな。わたしのためにワークをしているのではないのですから。1か月間、エレベーターの呼吸を続けられたのはすごいことですよ。
　自動思考の強さや多さは人それぞれですから、ワークの効果が現れるのにも当然個人差があります。あなたはおそらく、クラウン回路が相当強敵なのでしょう。だから、1か月では太刀打ちできなかったわけです。
　以前よりも自動思考が増えた理由は、おそらくあなたは非常に真面目な性格をされているからだと思います。「自動思考を消さなきゃ」と真剣になればなるほどドツボにハマってしまうパターンです。
　そんなあなたには、ぜひ「ワークを楽しむ」ことを意識していただきたいです。ずーっと温泉に入っている気分で行ってみてください。温泉お好きですよね。気持ちいいですよね。ワーク＝温泉だと思い込んでしまいましょう。
　まだ自動思考が強いとはいえ、クラウン回路はあなた

の1か月のワークによって、確実に細くなり始めています。「雨垂れ石を穿つ」です。どんな強敵でも、地道にワークを続けていけば、いつか驚くような変化が起きます。小さな努力を根気よく続けていきましょう。そして続けられる自分を、最大限にほめてあげてください！

受講者N　あ、ありがとうございます！「雨垂れ石を穿つ」の気持ちで、これからもがんばります！

　はい。楽しむこともお忘れなく！
　さてさて、みなさん、ご自身の変化をとても繊細にお気づきになられていて、うれしくてなりません！
　みなさんに起きている変化は、通常のワークの半年分にあたる成果だと思います。あと1か月続ければ、多くの人は「しあわせ脳」へと変容できると確信しております。
　現在、まだ自動思考がモリモリの方も、一度は止まったものの、左脳さんの逆襲にあって対処に困っている人も安心されてください。
　今日はこのあと、具体的なシチュエーションを例に出しながら、いついかなるときも「右脳で生きる」ための心や体の使い方をお伝えしたいと思います。
　本日も特盛りです！

意識変容が進んだときの左脳さんの逆襲について

みなさん、1か月ワークをしていただいて、体に意識を向けると思考が止まることを実感できた方が多いようです。

でも一方で、いつのまにかまた自動思考が復活してくる……ということも体感されたのではないでしょうか。

右脳さんの直観のままに生きようとすると、なぜか左脳さんが邪魔してくることがあります。

わたしはこれを「左脳さんの逆襲」と呼んでいます。

たとえば、エレベーターの呼吸をしていたら、

「そんなことをやっても意味がないよ。本当に効果があると思ってるの？ そんなことをやっている暇があったら、もっと有意義に時間を使ったほうがいいんじゃないの？」

どこからか左脳さんが現れてきて、そんなふうに邪魔してくるのです。

あるいは、これからイヤな人に会わなければならない

とき、いまここの呼吸をして、心を整えていたとしましょう。そんなときも左脳さんは、
「おいおい。バカみたいに深呼吸ばかりしていないで、イヤな人と会うとき、どうやって対応するのか考えておいたほうがいいんじゃないか？　そんなことをしても気休めだろ」
と言って登場するかもしれません。

　ふだんの生活の中でも、たとえば歩道に立ち止まって、「夕焼けがきれいだな〜」と右脳さんで感じていたとしましょう。
　そんなしあわせな時間に、イライラしたおっちゃんがやってきて、なんかおっちゃんばかり登場しますが（笑）。別に誰でもいいんですけど、仮におっちゃんがやってきて、「歩道のど真ん中に立ち止まるな！」とか言われたら、ここぞとばかりに左脳さんが登場してきて、「何よ、クソジジイ！　歩道に立っていて何が悪いの？　ムカつく！　せっかくいい気分だったのに！」と、フルパワーで自動思考が復活してしまうかもしれません。

　このように、一時的には思考を止められるのに、どうして左脳さんは逆襲してくるのでしょうか。
　それは、左脳さんと右脳さんは、頭蓋骨の中で血流か

ら栄養を分け合っているからです。

　お伝えしましたように、わたしたちの脳は「使われた部分にグリア細胞から栄養が与えられる」システムになっております。その血流量は限られているため、右脳さんが使われると、左脳さんのクラウン回路に栄養が枯渇(こかつ)してしまいます。すると、お腹をすかした左脳さんが「わたしに栄養を寄越せ！」と登場してくるのです。

　これが「左脳さんの逆襲」のカラクリです。

　左脳さんの逆襲は、ワークを始めた最初の頃、つまり現在のみなさんに起こりやすい現象です。みなさんのクラウン回路は1か月前よりは細くなっていますが、まだ消滅するまでには至っていません。

　そのため、左脳さんが「起死回生」を図って、ことあるごとに自動思考を始めようとするのです。

　わたしたちにできることは、あくまで「右脳で生きる、お腹で感じる、体の神経で感じる、いまここにいる」道を選択し続けることです。

　自動思考が再燃しても、「これは左脳さんの逆襲にすぎない」と気づき、思考改行エンターキーで思考をストップさせ、あらためて「右脳で生きる、お腹で感じる、体の神経で感じる、いまここにいる」モードに入ります。

エレベーターの呼吸、いまここの呼吸によって、体の感覚に集中しましょう。
　ここで左脳さんの声に負けなければ、栄養が足りない左脳さんはどんどん弱くなっていきます。
　反対に、再び自動思考にとらわれてしまうと、左脳さんは元のように強靭になっていくでしょう。
　いまが、「しあわせ脳」になれるかどうかの分岐点です。
　左脳さんの逆襲に負けずに、これからもワークを継続していただければと思います。

　そして本日はもう1つ、「体の感覚に集中する」ためのワークをお伝えしたいと思います。
　タイムスケジュールに追われがちなわたしたち現代人が、いつでもどこでも「いまここ」の自分の体に意識を向けるためのイメージングです。
　名づけて、「いまここイメージング」です。そのままですけど。

　その場に立つか、もしくは座ったままでも構いません。
　今日はみなさん、座ってばかりだと窮屈なので、立ちましょうか。

　想像してみてください。

あなたはいま、川のせせらぎの中に立っています。
　水が流れてくる上流を背に、流れゆく川下を前にして、川の中央を、川下に向かってゆっくり歩いていきましょう。
　水の深さはひざ下くらいで、川の流れは穏やかです。
　水は透明で美しく、流れは太陽の光を浴びてキラキラ輝いています。
　その流れに乗って、あなたもゆっくり歩いていきます。
　流れは、時間です。水であり、時間です。
　歩くあなたとともに、時間も前方へ流れていきます。

　あなたは、ふと立ち止まります。
　水の流れが後ろから、あなたを追い越して、前方へと勢いよく流れていきます。
　それは、時間です。
　流れるままに見送りましょう。
　いまのあなたには必要ない過去の記憶や思いがあれば、その流れに捨てて、水と一緒に流れていくのを見送ってください。

　あなたが川の中に立っている、足元の地面。
　その感触を感じてみてください。

いまここイメージング

第 2 講　大切なことはぜんぶ「お腹」が教えてくれる

イメージの中で、少し足踏みして、水底の地面の確かさを感じてみましょう。
　揺(ゆ)るぎない大地がそこにあります。
　あなたをしっかり支えてくれています。
　空を見上げてみましょう。
　美しい青空が見えます。
　もう一度、水の中の地面を感じてみてください。
「いまここ」が、あなたの場所です。
　そして、ここに立つあなたの体の中が、あなたの意識の居場所です。

　時間の流れはさらさらと、いつもあなたを追い越して流れていきます。
　けれど立ち止まれば、すぐに「いまここ」に戻れます。
「いまここ」に身を置いていると、なんてさわやかで気持ちいいのでしょう。
「いまここ」を感じながら、深呼吸をして、ゆっくりと現実に戻ってきてください。

　いかがでしたか？
　みなさん、とてもすっきりした表情をされています。
　このワーク中、左脳さんの声は静かになっていたのではないでしょうか。

思考が過去や未来に飛び回ってしまうときは、「いまここイメージング」によって、水の流れを見送りましょう。
「いまここイメージング」をすると、あなたの意識は過去や未来に行かず、「いまここ」にある体の中にとどまります。
　すると、左脳さんが出てくる幕はありません。
　焦りやカラ回りしている気分にも効果的です。
　エレベーターの呼吸の前や、忙しい日々の合間、眠れない夜などに行っていただければと思います。

感情を伴う「苦しい自動思考」を消すには？

　先ほど参加者の方から、怒りなどの感情を伴う自動思考にどう対処すればいいのか、という質問をいただきました。「怒りを客観的に楽しむ」とアドバイスさせていただきましたが、ここでさらに詳しく解説しましょう。

　イライラしたり、ムカッとしたり、怒りがグワッとこみ上げるような状態を「激情感」と呼びます。そんな言葉があるか知りませんが、わたしは名前をつけるのが好きなので、名づけました。なんとなく伝わりますよね。
　激情感に襲われることは、誰にでもあると思います。わたしにもあります。「うわー、どうしよう！」となったり、体がガクガクプルプルしちゃうってこと、普通にあります。
　そんなとき、左脳で反応するのではなく、右脳で反応すると、いい結果に終わるんです。
　右脳で反応するとはなんのこっちゃ？　という人のために、順を追って解説します。

わたしたちが激情感に襲われるのは、外部に何かしらの出来事が起きたときです。その出来事が、自分のイメージしていたことや、望むものと異なるときに起こりやすいです。

　たとえば、病気で休んだ職場の同僚の仕事を、代わりに残業してやっていたのに、その人が遊園地で遊んでいる写真をインスタグラムで見つけてしまう……まさに激情感に襲われるタイミングでしょう。

　このような出来事は、仕事であれ、家庭であれ、人間関係であれ、出来事自体を避けることはできないものだとわたしは思います。

「望まない出来事は起きるものだ」という前提で過ごすほうが、精神衛生上よろしいでしょう。

　大切なことは、嫌な出来事に遭遇したとき、自分の中でどうクリアしていくかです。わたしはそれを楽しみながらやっています。

　まず、激情感に襲われたとき、体がどんな反応をしているか確認します。

　わたしの場合は、胸のあたりに、切り裂かれて穴が開いたような鋭い痛みを感じます。

　お腹のほうには、ふつふつと渦巻くような黒い怒りがあります。

　肩は力が入って持ち上がり、体全体は硬くなってプルプル震えています。

この状態を最善だと思う人はいないでしょう。体はすごく気持ち悪く、頭はカッカとして「この怒りを一刻も早く消したい」とわたしたちは思います。

　けれど、そう思えば思うほど左脳さんが発動するからやっかいです。

　左脳さんは、「こんな状態はイヤだ」「世界を自分の思いどおりにコントロールしたい」「体に起きている怒りや痛みや力みを押しやりたい」と、フルパワーで作動します。「早く鎮まれ」「怒りや痛み、どっか行け！」と考えますが、肉体と切り離されている左脳にはどうすることもできません。

　その結果、ひたすら自動思考をぐるぐる続けるしかないのです。

思考は激情感を解消することはできず、むしろ悪化させます。
　なぜなら、左脳が「感情を伴う自動思考」を繰り返すと、ストレス物質が猛烈に出てくるからです。

　ストレス物質は、神経や細胞を傷つけるため、心身が非常にしんどくなります。しかも、ストレス物質はなかなか分解されません。そのため、実際の出来事で受けた傷よりも、ストレス物質による傷のほうが心身にダメージを与えるとわたしは感じています。
　みなさんも、心当たりがあるのではないでしょうか。考えれば考えるほどしんどくなってしまう、あの感じです。

　では、どうすればストレス物質を出さずにすむのか、わたしが実際にやっている方法をお伝えします。イラストをご覧ください。

　まず、起きた出来事は、いったん置いておきます。何か対処をしようとか、事態を変えようとか思わず、そのままにしておいてください。まずはその出来事から離れる必要があります。

「そうだ、それは起きたのだ」
「でも、いまは出来事の中身は置いておこう」
「体の感覚だけに取り組むんだ」
　と、決めるのです。
　それから、体の感覚に意識を向けます。胸の痛み、お腹の渦巻くような怒り、肩の力みなど、体に起きている変化に気づいてください。
　震えや冷たい感じ、呼吸の浅さ、歯の食いしばりなどはありますか。それを無理に変えようとせず、ただありのままに気づいてください。

そして、変化が起きている体の部位に、柔らかくて厚みのあるシリコンゴムを貼りつけてみてください。もちろんイメージの中で、です。変化が起きている部位全体を覆うように、ピターッと貼りつけてみましょう。かなり厚みのあるシリコンゴムのイメージです。
　シリコンゴムは、あなたの意識です。あなたの意識は、怒りや痛み、力みとともにあります。
　そして、心の中で激情感に語りかけてください。
「そのままでいいよ」「変わらなくていいよ」「一緒にいるよ」と。
　温かく抱きしめるような感覚で、怒りや痛みと、ただ一緒にいてください。
　すると不思議なことに、激情感はだんだんと薄れていきます。
　それは、あなたの中の無意識（本体さん）によって、温かく優しいエネルギーに変わっていくからです。

こうすれば、荒れ狂った嵐のような激情感は鎮まっていき、やがて消失していくでしょう。
　わたしはこのメソッドを「シリコンハグ」と呼んでいます。

　怒りやイライラなどの激情感だけでなく、悲しみや喪失感などに襲われたときも、シリコンハグはとても頼りになります。
　悲しみや喪失感に襲われ、つらい思考がぐるぐる止まらない日もあると思います。
　まずは出来事から離れて、体に起きている変化に気づきましょう。
　シリコンハグで体を優しく覆い、「一緒にいるよ」と語りかけてください。
　悲しみや喪失感も、やがて癒えていくことでしょう。

体験する世界が変わる

嫌いな人には、嫌いなまま愛を与えよう

受講者A　すみません、激情感について質問してもよろしいでしょうか？

　もちろん、どうぞ。

受講者A　ありがとうございます。わたしが激情感に襲われるときって、人が目の前にいるときが多いんです。家で一人でいるときは、エレベーターの呼吸をすると、感情と思考を切り離せてリラックスできるのですが、目の前に怒りの原因の人がいるとなかなかそれができません。ついカーッとなってしまい、激情感を伴った自動思考がぐるぐる頭の中を回って、自分がなくなってしまうような感じです。こういうとき、どうすればいいのでしょうか。

　ふむふむ。すごくわかります。
　圧のある人や高飛車な人、不機嫌であることを隠さない人などと対峙(たいじ)すると、心はかき乱されて、思考をセー

ブできないことがありますよね。こちらのエネルギーを奪い取ってくる人たちです。

そういったときの対処法はいくつかあるのですが、わたしがよく利用しているのは「愛してるビーム」です。これは、心理セラピストの小池浩さんが考案した手法なのですが、とても好きなので使わせてもらっています。

「愛してるビーム」のやり方はとっても簡単です。嫌な感情を抱かせる相手に、「愛してるビーム！」と心の中で言いながら、額からビームを出して相手に当てる。これだけです。

なんじゃそれは、という話ですが、実際にやってみると、滑稽すぎてだんだん笑えてきます。思い出すだけで笑えてきます。

どんなに腹が立つ相手でも、「愛してるビーム！」を当てると笑えてきて、笑えている時点で、激情感と切り離されている感じが出てくるんです。

受講者A 嫌いな人を愛するなんて、できないのですが……。

愛さないです。ぜんぜん愛さないです。ただ「愛してるビーム」と思って、ビームを放つだけでいいんです。

高飛車だったり不機嫌だったりイヤなことをしてきたりする人は、わたしたちのエネルギーを吸い取ろうとしてきます。それは反対に言うと、その人たちの心は空虚で、ブラックホールのような穴があって、エネルギーを維持できないからなんですね。

　だから、そういった人たちは、相手を貶(おと)めたり攻撃的なことを言ったりして、こちらからエネルギーを奪って弱らせようとします。自分が空虚だから、そうしないと自分を保てないからです。

　そんな人に出会ったら、「愛してるビーム」を放って、「ほらほら、わたしから愛を送り込んでやるぞ。持っていけ！」と、これでもかと愛を与えてあげると、不思議なことに、だんだん相手は意気消沈していきます。

　こちらからエネルギーを奪うことで自分を保っていたのに、こちらはぜんぜん弱らず反対に大量の愛を送り込まれて、攻撃する理由を失ってしまうからです。

　エネルギーを奪い取ろうとする人には、その100倍以上の愛を送り届けてあげる。これだけで、目の前にどんな相手が現れようとも、感情と自分を切り離して、自動思考に陥るのを防げると思います。

　そして、これは「愛する」のとは別の行いです。「愛する」ことを自分に強要する必要はありません。

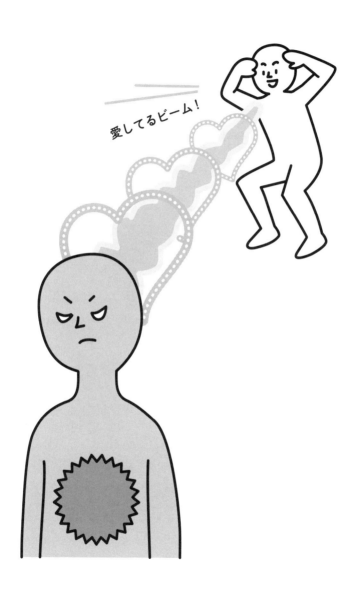

「自力」を捨てると、エネルギーが満ち溢れてくる

　対人関係や日常生活の中で、どうしていいか迷っていることがある方は、この機会にぜひご質問ください。どなたかいらっしゃいますか？　では、そちらの方どうぞ。

受講者B　ありがとうございます。ネド先生は前回の講義で、右脳回帰する前は人に頼るのが苦手で、なんでも「自力」で解決しようとしてきたとおっしゃっていました。わたしも人に何かをお願いするのが苦手で、「自分ががんばらなきゃ」「自分でなんとかしなきゃ」と思いがちです。どうすれば、自力を手放すことができるのでしょうか。

　いい視点ですね。「自力で解決する」という考えは、左脳的思考です。だから、「自力」を手放し、ケ・セラ・セラ（なるようになるさ）の姿勢で生きることは、人生を楽にしたり、望みを叶えたりするコツの1つなのです。

　わたしは以前、わたしの本体さん（無意識）に、「自力

って何ですか？」と聞いてみたことがあります。すると、こんな答えが返ってきました。「自力とは、自分が生命であると信じない部分だ」と。それってどういう部分でしょうか？

　これを理解するのに役立ったのが、ウエイン・W・ダイアーさんが書いた『思い通りに生きる人の引き寄せの法則』（ダイヤモンド社）という本でした。この本の中でダイアーさんは、「自力ではなく、宇宙の意志の力という何か不思議な力が、望みを叶えてくれるもんなんだよ」と語っております。

「宇宙の意志」なんて言うと、驚くかもしれませんね。
　わたしはこの本を読み、「自分が生命であると信じない部分」とは、「宇宙の意志の力を信じない部分」だと解釈しました。宇宙の意志の力とは、「凪いだ水のように、世界のすべてを満たしているたったひとつの精神」「すべての中に染みとおる源泉」「エネルギーの場」とダイアーさんは言っています。

　想像してみてください。鳥も、チョウも、草花も、ヘビも、わたしも、あなたも、あの人も、すべての生き物が、みんな一緒に静かな水の中を気持ちよーく漂ってい

ます。
　その水が「宇宙の意志の力」であり、それはすなわち
　　＝たったひとつの精神
　　＝すべての中に染みとおる源泉
　　＝エネルギーの場
であるというのです。
　そして、「宇宙の意志の力」は、みんなに与えられ、まるで地球を覆っている海の水のように互いにつながっているというわけです。

　ただし、唯一つながっていないものがあります。それが、エゴ（自我）です。エゴという言葉は正確な解釈が難しいので、わたしは「左脳ベースの自己」と呼んでいます。

　左脳ベースの自己は、人間社会を生き抜くために、自力で物事をなんとかしようとします。現代人はそれを当然と思っている人が少なくありません。しかし、自力でやろうとすればするほど、「宇宙の意志の力」はあなたに届かなくなってしまうのです。
　ここから切り離されてしまうと、望むものを自然と引き寄せることができなくなってしまいます。自然と「起こる」ことが起こらないのです。

■ なぜ、自力じゃなきゃいけないと信じているの?

わたしは右脳回帰する前、なぜ自分が「自力」にとらわれているのか、徹底的に考えてみたことがあります。

前回の講義でお伝えしたように、わたしが「自力」にとらわれたのは、商店を営んでいた家庭の事情によって、親に迷惑をかけたくないという思いからでした。

「親が自分の望みを聞いてくれさえいれば」と親に原因を求めたくなったときもあります。しかし、わたしの両親にも、わたしをそう育てざるを得なかった事情があり、祖父母にも、曾祖父母にも、延々とつながるご先祖にも、さまざまな事情があったはずです。当時の社会情勢や文化の影響も無視できません。わたしにつながるすべての物事をひっくるめて、わたしという存在が「いまここ」にいるのです。

このことに気づいたとき、わたしはこの問題についての結論を得ました。
　それは「わからん」ということです。
　どこまでも続く過去のご先祖をたどっていったところで、「いまここ」にいるわたしに起こっていることの本質的な理由は誰にもわからないのです。

なるほど、神様
わたしには
わかりません

■「わかりません」に到達したら、「起こる」が起きた

「わたしにはわかりません。わからんからお任せしますわ」という境地に達すると、自分の内面や人生においてグチャグチャしていることを、無理に修正しようとは思わなくなりました。

「自力」でがんばろう、無理にでも前に進んでいこう、未来を切り開いていこう。これらをすべて手放せたんです。

すると、不思議なことが起きました。自分は何もわからない「空白」のままでいると、わたしの中で不思議なエネルギーが満ち溢れてきたのです。

「これか!」と思いました。わたしは、「宇宙の意志の力」「すべての中に染みとおる源泉」とともにあることを、体感したのです。

「自力」とは別次元にあるエネルギーに委ねると、望みどおりのことが自然と起きます。起こそうとしなくても、「起こる」が起きるのです。

これはすなわち、右脳で生きている結果でもあります。右脳で生きていると、さまざまなことが自然とつながりあい、「起こる」が起きるのです。そのため生きることが、とてつもなく楽になります。

受講者B 「自力」を手放すための具体的な手法はあるのでしょうか？　やはり自動思考を止めて、「右脳で生きる」ことでしょうか？

　はい。自動思考を止めることは必要です。
　それに加えて、「どうして自分は自力にこだわっているのか」、その原因を探ってみてほしいと思います。
　わたしがこう考える原因はこうだ、その原因はこうだ、さらにその原因はこうだ、という具合に追ってみましょう。掘り下げていった先に、「自分にはもうわからない」という地点に到達するはずです。
　そのときが、あなたが「自力」を手放せるときなのです。
「わたしにはわかんないから、いろいろとよろしく！」ってスタンスになれますよ。

受講者B　そんなふうになってみたいです！　お話を聞けただけで、少し心の重荷が下りた気がします。ありがとうございました！

お金を増やしたい！
右脳さんと願望実現

受講者C すみません！　わたしも1つうかがいたいのですが、よろしいでしょうか。

　どうぞどうぞ。

受講者C わたし、「いまここ」にいるだけでしあわせを感じられる「しあわせ脳」になりたくて、そんな状態になれたらどんなにいいかと思って参加しています。実際この1か月ワークを行ってみて、その片鱗(へんりん)をつかみかけたというか、「しあわせだなー」と感じられる日もあるのですが、一方で現実的な問題もあって……。

　お金の問題です。わたしはいまシングルです。子育てと親の看取(みと)りなどで貯金を使い果たしてしまいました。だから、普通ならリタイアしていい年齢ですが働かなければなりません。そんなとき、大きな支払いがあったりすると、ドキドキが止まらなくて、怖いです。いくら「しあわせ脳」になっても、こういった現実的な問題からは一生抜け出せないのでしょうか。ネドさんは、お金に対

してどう考えていますか？

　なるほど。お金というものはエネルギーだなとわたしは感じています。エネルギーなので、何かをがんばったからといって、必ずしも自分のほうに流れてくるものではありません。
「お金という大きな流れ」を自分のほうに引き寄せるのに必要なのは、イメージ作りです。
　たとえば、あなたは年収3000万円ほしいと思ったとします。そのときまずすべきは、年収3000万円の自分ってどんな自分だろう？　とイメージすることです。
　そのとき、まったくイメージが湧かなかったり、ボロボロになりながら死ぬほど働いているイメージしか持てなかったりしたら、お金の流れを引き寄せることはできないでしょう。自分自身が、その望みを本当に叶えたいとは思わないからです。
　本当に望みを叶えたければ、細部にわたって具体的にイメージし、かつそれがワクワクするものである必要があります。
　年収3000万円の人はどんな服を着ているだろう、どんな家に住んで、どんな生活習慣で、どんな働き方をしているだろう。わざわざ調べる必要はありませんが、あなたの中に憧れのイメージを持ちます。そして、そのイ

メージを自分がワクワクして馴染(なじ)めるもの、達成できそうだと思えるものにブラッシュアップしていきます。

　ここまでしたあと、ささいなことでもいいので、そのイメージを1つ現実にしてみましょう。年収3000万円の人が着ているような服装をしてみる、行きそうな場所に行ってみるくらいで大丈夫です。
　これだけで、望みの実現に一歩近づいたといえます。なぜなら「お金のエネルギーの流れ」に乗り始めたからです。
　あとはその流れに乗っていくだけで、現実は勝手に変わっていくと思います。
　前回のホームワークでお伝えした「未来ピン」の長期バージョンだとご理解ください。

■「夢の地図」で望みを叶える

　お金が足りないなどの現実的な問題は、「しあわせ脳」になっても解決できないのでしょうか。決してそんなことはないとわたしは考えています。

　なぜなら、現実的な問題の多くを、左脳さんだけで解決しようとしている人が多いからです。現実的な問題こそ、右脳さんの直観やイメージに頼ると、解決への道筋が見えてくることがあります。

　また、理想の自分になりたいといった願望実現のためにも、右脳さんは力を与えてくれるでしょう。

　未来の自分のイメージを具体的に持ち、右脳さんの直観に従いながら大きな流れに乗っていけば、理想の人生を歩んでいけるはずです。

　ただ、右脳さんは言葉でのコミュニケーションが苦手です。どうすれば、自分の願望を右脳さんに伝えられるのでしょうか。

　わたしは動画や音楽などを試してみましたが、うまくいかず、たどり着いた結論は画像（静止画・写真）でした。

　わたしのパソコンには「夢の地図」というフォルダがあります。

　この中には、自分がほしい物、行きたい場所、こうなりたい状況など、願望を表す画像が入っています。

そして、「夢の地図」の画像を、朝や夜に必ずサッと眺めます。じっくり眺めると左脳さんが思考で邪魔してくるので、サッとです。

このとき以外の時間は、画像のことは忘れてしまっています。それで問題ありません。むしろそのほうがうまくいきます。

「夢の地図」を作って、それを毎日眺めるだけで、わたしは9割以上の望みを叶えました。強く望んだり願ったりすることなしに、です。

わたし自身が忘れていても、右脳さんに夢が伝わっているため、右脳さんが勝手に導いてくれるのです。

右脳ベースに生きることは、願望実現をも後押ししてくれます。

■ 叶いやすい願望、叶いにくい願望がある

ただし、願望の中には「左脳さんが求めるしあわせ」と「右脳さんが求めるしあわせ」があるので注意が必要です。

左脳さんが求めるしあわせは、「誰かとの比較」によって得られる刺激的なものです。社会的に認められたい、友達に見栄を張りたい、あの人より優位に立ちたいといったように、比較対象を持つのが左脳の欲望の特徴です。

そういった刺激的な願望を抱いても、右脳さんは力を

貸してはくれないのです。

　右脳さんの特徴は、「いまここにあるものを、そのまましあわせと感じる」ことです。だから基本的には、「将来このようになりたい」「これを手に入れたい」といった望みは左脳的であるといえます。

　一方で、願望をイメージしている「いまここ」の自分がしあわせならば、右脳さんはその状態がデフォルト（基本設定）だと解釈してくれて、結果としてあなたを導いてくれるのです。その意味では、願望のイメージは右脳的ともいえます。

　でも、右脳さんはどんな願望にも力を貸してくれるわけではありません。
　誰かを傷つけたり、不幸にしたりする願望は叶いにくいです。
　なぜなら、わたしたち人間は、それぞれが分離した「葉っぱ」ではなく、同じ「大樹」の中の一部分だからです（54ページ）。自分以外の誰かを傷つけることは、自分を傷つけることに等しいといえます。
　生命の本質とつながっている右脳さんは、誰よりもそのことを知っているため、ひとりよがりの願望には力を貸してくれないのです。
　あなたの望みは、あなたが心からしあわせに感じられ

るものでしょうか？
　そして、他者との比較とは関係なく、誰も傷つけない望みでしょうか？
　実現したい願望がある人は、この点を確認することをおすすめします。

未来は「いまここ」のしあわせの結果

右脳さんとお腹でコミュニケーションを取ろう

　次に、なんの変哲もない日常の一コマで、「右脳で生きる」とはどういうことなのかお伝えしたいと思います。
　日常生活においても右脳さんを選択して過ごしていくことが、「左脳さんの逆襲」や「激情感」が起きる回数を減らし、その結果「クラウン回路」がやせ細って、「しあわせ脳」に到達するのを早めてくれるでしょう。

　突然ですが、お手元のスマホ画面に、どなたか知り合いの方の写真を映し出してみてください。その写真をじっと見ましょう。

　30秒待ちます。

　30秒経ちました。
　みなさん、写真を見ながら何かを考えましたか？　「この人、根は親切だよな」「だけどちょっと愚痴が多いよね」「そういえば来週、ランチをする約束をしていたっけ」。
　こんなふうに、写真の人にまつわるデータが、次々と

頭に思い浮かびませんでしたか。これはまさに自動思考であり、左脳さんが働いている証拠です。

では、写真の見方を右脳に切り替えていきましょう。

・知り合いの着ている服のシワ

・知り合いの立ち方

・知り合いの骨格

などをありのままに見る。これが右脳で見るという感覚です。

さらに右脳回帰が進んでいくと、「知り合いの写真」という個人性まで消えていき、写真の色や形を味わえるようになります。

これをやってみると、「ここまでが左脳さんだ」「ここからが右脳さんだ」と切り替わることがよくわかります。

わたしたちは日々の生活の中で、膨大な量の情報を目の当たりにしています。

そのとき左脳さんが働くと、最初に写真を見たときのように、勝手に自動思考が働いてしまいます。

ふだんから、体の神経やお腹に意識を向けるように心がけていただくと、右脳さんの見方ができやすくなるでしょう。

■ 器を見て「からっぽだねえ」と味わえますか？

左脳さんと右脳さんの違いについて、もう1つ例を紹

介します。

　いま、あなたの目の前に器があります。

　これを見たとき、左脳さんと右脳さんはどんなリアクションをするでしょうか。左脳さん、いかがですか？

計画立てます？
あれ乗せてあれ買って
そこにあれ乗せてあれ買って
あれとあれ買って
飾りにこれ買って
それから

可能性

左脳さん「これに何を入れます？　お菓子を入れますか？　それとも宝石を入れますか？　みんなが驚くような何かを入れたいですね。何を買ってくるか計画を立てることから始めましょうか。それとも、ここに何かを飾ってしまいますか？　お花を飾るとかもありかもしれません。これから買いに行きます？」

　こんな感じです。左脳さんは器の「可能性」にばかり目を向けています。器そのものはまったく見ていないのです。
　一方で、右脳さんはこうです。

右脳さんは、器の可能性はまったく意識しません。目の前にある器のありのままを見て、ありのままを味わいます。「からっぽ」であることを味わい、器の匂いや手触りを感じてみたり、頭にかぶってみたり、叩いて音を出してみたり、と「器そのもの」にしか興味がありません。

　わたしたちが社会生活を営むには、左脳さんの能力が少なからず必要です。特に仕事の現場では、可能性を予測して対策を練り、行動するなど、左脳さんの力がなければ成立しないことが多いと思います。
　でも、現代人の多くは、特に左脳さんが現れなくてもいい場面でも、「いまここ」にある物事を純粋に味わえなくなっています。
　だからこそ、何をするにも意識的に「味わう」方向にシフトしていってほしいのです。
　たとえば、「この帽子いいな」と手に取ったとしたら、「でも、わたしには似合わないかも」「ちょっと派手すぎて目立つかな」などと、帽子の可能性を左脳でジャッジするのではなく、右脳さんからの直観で感じた「いいな」という気持ちを大切にしてほしいと思います。「色がいい（色を味わいます）」。「形がいい（形を味わいます）」。それでいいんです。

それを日常生活で繰り返しているうちに、左脳さんの声はどんどん静かになっていき、右脳さんとともに生きるのが得意になるでしょう。

■「お腹に聞く」ってどういうこと?

　右脳さんからのメッセージ（直観）は、日常生活で生かせないことは1つもありません。

　常に、右脳さんからの答えを待っているか、答えを聞いているか、答えを受け取っているかのいずれかになるため、日常生活における選択で迷うということがまったくないんです。いわゆる「優柔不断」も解消します。すべての判断を右脳さんに委ねて、お腹に聞けばいいだけだからです。

受講者D　「お腹に聞く」というのは、具体的にはどうすればいいのでしょうか？　言語化して尋ねればいいのですか？

　頭の中に疑問が湧いたとしますね。まず頭でその疑問を認知します。これこれこういうことに対して疑問を持っている、と。
　その言葉をイメージの中の手でつかんで、実際にお腹に投げ込む感じです。物理的に投げ込んでしまうのです。

そうすると、右脳さんはお腹（腑脳／213ページ）とつながっているので、投げ込んだ問題の解決策を教えてくれます。「こうしたほうがいい」「ああしたほうがいい」「あっちに行け」「こっちに行け」と。それが直観です。

　直観に従って行動していくことが、右脳さんとの信頼関係を育むことにつながります。いい結果が得られたら、「ありがとう。また頼むよ」と右脳さんに声をかけてください。右脳さんは張り切って、直観の精度はますます上がるでしょう。

　右脳さんからのメッセージは、問いに対する直接的な答えではないことが多いです。理屈が一段階深い答えです。

お腹に聞く
お腹に居る
（身体の内側）

たとえば、「いまの仕事をやめるべきか否か」をお腹に聞いてみると、右脳さんからは「元気になれるほうへ」といったようなメッセージが降りてきます。それがあなたの判断材料になり、進むべき道を迷わず選べるのです。

　何かしらの判断に迷ったときは、左脳思考で理屈をこねくり回してもいい結果は得られません。迷った瞬間に、「お腹に聞く」クセづけをしましょう。
　自分の思考では「何もわからない」「何も判断ができない」という姿勢が、右脳さんの直観を呼び覚ますスイッチとなるでしょう。

【頭の反応】
・値段が高い
・昨日食べた
・晩ご飯っぽくない

【お腹の反応】
・ごくわずかの反応
・良い/違う
・うれしい/オエッ

左脳さんが恐怖のラスボスから頼れるサポーターに変わる

　右脳さんの直観に従って体が勝手に動いていくような体験をすると、最初のうちは「本当にこれで大丈夫か」「何か失敗しないか」と不安が出てくることがあります。これらも自動思考の一種です。思考が消えていくことは決して怖いことではありません。

　わたしは自動思考が止まってから、右脳さんの直観に従って生きていますが、生活にはなんら不自由がありません。

　自動思考を司るクラウン回路がなくなっても、左脳さんはその他の役割をきちんとこなしてくれるからです。左脳さんは、画面上では見えないけれど、陰で動いているスケジュール管理アプリのような存在なのです。

　わたしが何かの予定をすっかり忘れてしまっていても、画面の後ろから突然左脳さんが現れて、必ずリマインドをしてくれます。

　スケジュール管理以外でも、生きる上で必要な左脳さんの能力はきちんと機能しています。

　わたしはこれを「機能意識」と呼んでいます。人間が

意識していようがしていまいが、つまり無意識のうちに、必要なことを左脳さんが行ってくれるのです。

　機能意識は心臓の拍動に似ています。心臓は、わたしたちの意思と関係なく、勝手に拍動しています。この講座を受けている最中も、眠っているときも、変わらず最適なテンポで、ドクン、ドクンと拍動してくれています。
　これを自分の意思で行っているという人はいないでしょう。
　左脳による機能意識もそれと同じで、わたしたちの意識とは関係なく働いてくれているのです。
　つまり、左脳さんは決して不要ではなく、むしろ、わたしたちが社会生活を営むためになくてはならない存在です。
　問題なのは、左脳さんによる「自動思考」であり、自動思考を止めることは左脳さんの機能を止めることとイコールではないということです。

　だから、自動思考を止めることを躊躇う理由は1つもありません。
　自動思考を止めることは、言うなれば左脳さんの声を「ミュートする（音を消す）」ことに近いと思います。ミュートすると、ふだんのどうでもいい思考は聞こえてこ

なくなり快適です。けれど、大切なことは「今日は15時から打ち合わせだよ！」などと大声で教えてくれるため安心です。

　右脳ベースで生きられるようになると、「いまここ」にいるだけでしあわせになれるだけでなく、何をするにも感動があります。
　先ほど器の例を挙げましたが、ただそこに器があるだけで、「からっぽだねえ」「いい手触りしてるねえ」と感動することができるのです。
　そして何よりも強く体感できるのが、自分自身をありのままに受容できることです。自分が、この瞬間にこのままで完璧だと感じ、何も否定せず、否定されず、ありありと在ることができます。
　また、過去や未来に意識を持っていかれないため、「いまここ」にある物事への集中力がアップします。
　さらに、自動思考による脳の負荷が軽減するため、脳に空き容量が生まれて、記憶力のアップも期待できるでしょう。
　そしてその間も、左脳さんは草葉の陰で見守っていて、いざというときは飛び出してきてあなたをサポートしてくれるのです。

自動思考がなくなる前、左脳さんは「恐怖のラスボス」的存在でありました。思考を暴走させ、クラウン回路が脳の栄養を貪り食い、ストレス物質を放出し、心身にもダメージを与える存在です。

　けれど、いざ自動思考がなくなってみると、わたしを現実につなぎとめてくれる「頼もしいサポーター」に思えます。

　左脳さんが敵から味方に変わる。これが、右脳ベースで生きていることを指し示しているともいえるでしょう。

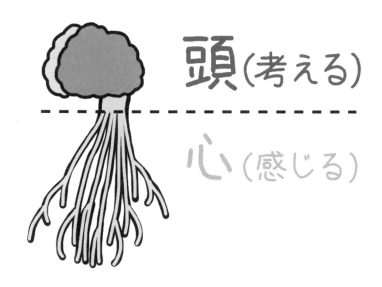

これで絶対「しあわせ脳」に！2か月目のホームワーク

さて、宿題の時間がやってまいりました。

これからの1か月は積極的に「右脳さんとコミュニケーション」することを心がけましょう。

そのために役立つワークが「おうちで右脳散歩」です。

ということで今回の宿題は、大きく次の2つです。

宿題1：「おうちで右脳散歩」をする

宿題2：第1講のホームワークを継続する

・毎日、未来ピンを立てる

・エレベーターの呼吸

・いまここの呼吸

・思考改行エンターキー

・自動思考を解析する

ではでは、新入りさんの「おうちで右脳散歩」を紹介します！

■「おうちで右脳散歩」のやり方

　家の中をゆっくりと歩きます。
　その際、右に一歩踏み出すか、左に一歩踏み出すか、前に一歩踏み出すかを、お腹（右脳さん）に聞きます。「どっち？」とお腹に聞いて、その瞬間、直観がキャッチした方向に進みます。
　進む方向に正しいも間違いもありません。「なんとなくこっちだ」と瞬時に感じたほうに進めばいいです。

　歩くだけでなく、たとえばテーブルの上にコップが見えたとき、「手に取る？　取らない？」などの判断もお腹に聞きます。
　ペンを手に持ったら、「何を描く？」とお腹に聞いて、決めてもらいます。直観で「お花！」だと感じたら、お花を描きます。
　あなたの行動のすべてをお腹に聞いて決めてもらうのです。

「おうちで右脳散歩」は、思考ではなく、直観で行動を決めるレッスンです。
　お腹に意識を集中することで、直観へのアクセス回路を強くするのにお役立ちです。

わたしもよく自宅で行っています。直観に従って、2階から1階までドドドドッと下りたかと思えば、突然立ち止まり、玄関のほうに向かったかと思えば、反転して2階まで戻る、「結局、戻るんかい！」、みたいなことをして楽しんでいます。
　同居人がいらっしゃる方は、「な、謎の動きをしている……」と驚かれるので、一人のタイミングがいいかもですね（笑）。

　慣れてきたら、家を飛び出して、「お外で右脳散歩」に挑戦してみてください。
　近所を散歩しながら、曲がり角に出会ったとき、右に曲がるか、左に曲がるか、直進するかをお腹に聞きます。
　曲がり角が近づいてきたら、お腹に意識を集中して直観を得ようとしてみてください。最初のうちは「どっちに行けばいいの？　わからん！　ええい、どうにでもなれ！」とそんな感じです。それで構いません。
　お腹に聞いて直観を得ようとすること自体に、直観を司る脳の神経回路を育てていく効果があります。
　1日1回、数分でいいので、「おうちで右脳散歩」か「お外で右脳散歩」をするようにしてください。楽しみながら行いましょう。

■ 第1講のホームワークも継続しよう

前回のホームワークも引き続き実践しましょう。

・**毎日、未来ピンを立てる**
・**自動思考を止めるワークの実践**
　エレベーターの呼吸
　いまここの呼吸
　思考改行エンターキー
・**自動思考を解析する**

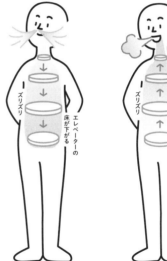

　これまで、エレベーターの呼吸は毎日最低1分行っていただきましたが、明日からは「毎日最低100回」にステップアップしましょう。

エレベーターの呼吸はやればやるほど効果が出ます。

休日に時間が取れる方は、1時間ぶっ通しで行ってみる手もあります。

オンラインサロンで、会員のみなさんと一緒に1時間ぶっ通しでエレベーターの呼吸を行ったことがあります。

そうしましたら、それまでなかなか自動思考が止まらなかった会員さんが、驚くべき変化を遂げて、一気に右脳回帰を果たしたのです。

前回のワークでなかなか変化を感じられなかった人は、エレベーターの呼吸を徹底的に行う時間を取っていただければと思います。もしも累計1万回やることができたら、何らかの変容が起きていることでしょう。

さらに今回お伝えした、左脳さんの逆襲が起きたときに役立つ「いまここイメージング」(144ページ) や、激

情感に襲われたときに役立つ「シリコンハグ」(152ページ)も、ぜひ生活に取り入れてみてください。

　すべてのワークを満遍(まんべん)なく行う必要はありません。

　あなたが効果を感じられるワークを選んで行いましょう。

　わたしたちの目の前には、常に「左脳さんとともに生きるか」「右脳さんとともに生きるか」の2つの選択肢があります。選択すべきは、常に後者であることをお忘れなきように。

　本日の講義は以上です！

　来月、みなさんにまたお会いできるのを楽しみにしています。

　ではでは、これにて失礼します。少し時間がおしてしまいましたね。「ダッシュで帰って夕飯を作れ」と左脳さんが言っております！

第2講のまとめ

- 意識変容が進むにつれ、「左脳さんの逆襲」が訪れることがある。

- その際も、「お腹で感じる、体の神経で感じる、いまここにいる」道を選択することが大切。

- 体に意識を向けるための「いまここイメージング」をしてみよう。

- 激情感（感情を伴う自動思考）に襲われたときは、シリコンゴムで包み込んであげよう。嫌いな人には、嫌いなまま「愛してるビーム！」を送ってみよう。

- 右脳さんには願望実現を後押ししてくれるパワーがある。

- 「夢の地図（理想の写真フォルダ）」を活用し、直観に従って大きな流れに乗っていけば、理想の人生を歩んでいける。

- からっぽの器を見て、「からっぽだねえ」と感じるのが右脳さん。器のさまざまな可能性を探るのが左脳さん。前者のスタンスで物事と対峙しよう。

- 「お腹に聞く」ときは、実際に言葉をお腹に投げ込むイメージで行う。

- 右脳回帰したあと、左脳さんは「ラスボス」から「サポーター」に変わる。

- 「おうちで右脳散歩」をして、右脳さんとコミュニケーションを取ろう。

第 **3** 講

「極上の安心感」の中で
起こり続ける奇跡
(2か月後)

結果発表！「しあわせ脳」に変わった受講者たち

 いやあ、みなさま1か月ぶりでございます。こんにちは。遠路はるばるありがとうございます。早いもので、極寒の1月に始まったのに、第3回目の今日はだいぶ暖かな陽気ですね。汗をかくのが目に見えておりましたので、夏服を着てまいりました。

 今日で終わりかと思うと、ちょっぴり寂しい気もいたしますが、最後の本日も楽しみながら気づきを得ていただければと思います。

 ではさっそく、この1か月でどんな変化があったか、みなさまに聞かせてください。本日は挙手制としましょう。こんな変化があったよ、という方はいらっしゃいますか？　では、そちらの方。

受講者A　よろしくお願いします。この1か月、右脳さんとコミュニケーションを取ろうと思って、「おうちで右脳散歩」をしたり、お腹に意識を向けて集中することを心がけて過ごしました。そうしましたら何日か経つと、

自分に必要なことがピコンという感じでわかるようになってきたんです。これが右脳さんのメッセージか！　と。わたしは左脳さんが本当に強かったので、この感覚を味わえたことに感動しています。

　ついに！　お腹に意識を向けることで、右脳さんからのメッセージに気づけたのですね。これからさまざまな奇跡が起きてくるはずです。楽しみにしていてください。それでは、そちらの方どうぞ。

受講者B　わたしは、びっくりする変化が起きました。

　ほほう。どんな感じですか？

受講者B　自分の求めていたことが、バーッと怒濤のように押し寄せてくる1か月でした。もう感謝しかありません。朝起きるときも、日中も、夜眠る前も、根拠のない幸福感が押し寄せてきて、すごい体験ができました。

　すばらしい。まさに「しあわせ脳」です。その体験をしっかり自分のものにしていただいて、これからの人生が楽になっていくことを楽しんでください。

受講者B　ありがとうございます。本当に感謝です。

　では、そちらの方どうぞ。

受講者C　自動思考はほぼ止まりました。そのかわりに自分の体ではないような浮遊感があります。ふわふわしている感じです。静かな時間も増えてきました。なんだか別人になったようです。

　なるほどです。思考が消えてきたことで、「いまここ」を味わえているのだと思います。右脳回帰しつつありますが、まだその感覚に慣れていないのかもしれません。ワークを続けていただけば、近い将来、幸福感を覚えるようになるはずです。引き続きがんばってください。それでは、そちらの方どうぞ。

受講者D　2か月前、ここに初めて来たときは、ネドじゅんさんのいう「しあわせ脳」になりたくて必死でした。でもいまは、そういう気持ちすらありません。
　あと、小さなことでもお腹に聞くということが、日常生活でもできるようになってきました。「これ、いまやる？やらない？」ってお腹に聞くと、「いまやらなくていいんじゃない？」という感じがしたのです。お腹に聞くと、

お腹がスッキリする感じと、重くなる感じがあります。それでわかるんです。

　意識がお腹のほうにあるから、どんと構えられているというか、揺るぎない感じがします。「わたしはここにいる。わたしはわたしで大丈夫」という感覚で、大袈裟ですけど、地球にしっかり根付いていて揺るがないという感じです。以前は意識が頭にあったので、お腹に意識が下りたのが一番の理由だと思います。

　いやすばらしいです。その変化、とてもよくわかります。
　必死さがあるときは、なかなか左脳思考からは抜け出せないんですよね。でも、お腹に意識を向けることに慣

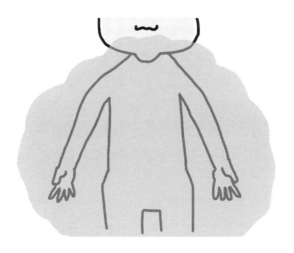

れてくると、だんだん「これでいいんだ」という気楽な感覚をつかめるようになってきます。その感覚を大切にしていれば、「しあわせ脳」になるのも時間の問題ですね。では、お次はそちらの方。

受講者E　ささいなことなのですが、先日自転車で走っていたら、縁石に乗り上げて転んでしまったんです。ケガはなかったのですが、恥ずかしくて、でもそのとき後ろから長身の紳士が「大丈夫ですか！」と駆けつけてくれたんです。

　それがすごくありがたく、うれしくて。過去や未来でなく、「いまここ」で起きている出来事が人をしあわせにするんだなって思いました。

　反対のことも起きました。わたしの近くで、車椅子の方が段差を上れずに困っていたんです。以前のわたしなら、もしかしたら素通りしてしまったかもしれません。

　けれど、「いまここ」で起きている出来事はわたしに与えられた役割なんだと思って、「お手伝いします」とお声がけできました。ぜんぜん関係ないかもしれませんが、この1か月、そんなことが起きました。

　ありがとうございます。じつはですね、左脳から右脳に変わっていくプロセスで、「愛の表現」というのは重

要なファクターなんです。

　もともと本体さん（無意識）は、愛のエネルギーに溢れています。だから右脳回帰するほどに、人は「愛の表現」をしたくなります。「愛の表現」をすればするほど、本体さんのエネルギーを受け入れる神経は強くなり、ますます「愛の表現」をしたくなります。

　あなたが自然とそれをできたのは、順調に右脳回帰が進んでいるからです。自信を持って、これからもワークを続けてください。

　そうそう、これまで自然と「本体さん」という言葉を使っていましたが、本日はみっちり「本体さん」についてご説明できればと思っています。

　では、時間の都合で、次の方が最後でお願いします。

受講者F　毎週土曜日の夜に、エレベーターの呼吸をみっちり1時間行いました。こんなに長く呼吸に集中するのは初めてでした。劇的な変化とまではいきませんが、気持ちがとても安定しています。こんなに安定しているのは、子どもの頃以来です。

　思い出しました。夏休みに、プールに入ったあと、実家の畳の上に寝そべって、広い青空を真っ白な雲が流れていく光景を、ボーッと飽きもせず眺めていた記憶を。いま思うと、そのときはすごくしあわせでした。そんな

子どもの頃のようなしあわせを久しぶりに味わえています。

　すばらしいです。やはりエレベーターの呼吸のスパルタレッスンは効果的なようですね！

受講者F　ただ、だからといってネガティブな思考が出ないわけじゃないんです。疲れているときなど、若干出てきます。

　ネガティブな思考が出てきたとしても、それにとらわれなければ大丈夫です。ポンと出てきて消えるようなものなら、何が出てきても気にしないでください。
　わたし自身、四六時中「ウェーイ！　しあわせすぎるぜ！」となっているわけではありません。ネガティブな思考が瞬間的に発生することもあります。
　けれど、そのネガティブな思考が、過去や未来のことで発生しているのではなく、「いまここ」の出来事で反応しているのなら、それは右脳さんの反応だと解釈して問題ありません。
　右脳さんも四六時中「ウェーイ！」なわけではなく、プリプリするときもあれば「あいつ嫌い！」となることもあるでしょう。その反応は自然なものとして捉えてく

ださい。

　わたしもこうやって偉そうに話していますが、世間から見たら「何あのおばさん、大丈夫？」と思われることをたくさんしていると思います。

　たとえそうだとしても、わたしはまったく気にしません。「いまここ」にいない人が、過去や未来のことを語っていても、関係ないからです。

　でも目の前で「おばさん、このブス！」とか言われたら、キーッとなって走り出すかもしれません。こういった反応はネガティブだと考えなくてもいいでしょう。

　<u>そのときキーッとなっても、次の瞬間ゼロから明るく生きる</u>。そんな感覚で生きています。参考にしてみてください。

受講者F　よくわかりました！　ネガティブ思考はダメだって思い込んでいた部分があったので、たとえそんな思考が出ても、気にせず通り過ぎていきたいと思います。

　はい。そうすれば、毎日健やかに生きられますよ。
　そんなこんなで、みなさんが着実に「しあわせ脳」になられていることを大変うれしく思います。
　明確に「こうなったらしあわせ脳だ」という基準はありませんが、みなさんそれぞれが毎日をしあわせに過ご

せていれば大丈夫です。
　また、みなさんはすでにたくさんのワークを知っています。
　仮に今後、自動思考が再燃したとしても、ワークをすれば、いつでもしあわせ脳に戻ってくることができるでしょう。
　みなさんは、一生使える「心のお守り」を手にしたのです。

　さて、これから最終講義の本題に入っていきましょう。
　今日は、「個人」の領域から飛び出て、「人類全体」の領域にまで進んでいきたいと思います。
　わたしたちはどこからやってきて、どこに行こうとしているのか？
　わたしたちはなぜこの世に生まれてきたのか？
　それを知ることは、わたしたちに真の安心としあわせをもたらしてくれるのです。

望む人生を歩ませてくれる「意識の焦点さん」とは？

　この講座ではたびたび「体に意識を向けよう」「お腹に意識を向けよう」とお伝えしてきました。

　ところで、いまさらですが、「意識」って何でしょうか。『広辞苑』さんによると、「今していることが自分で分かっている状態。われわれの知識、感情、意思のあらゆる働きを含み、それらの根底にあるもの」。

　……わかんねえ。

　意識は言語化してしまうと、何がなんだかわからなくなってきますよね。

　わたしは「意識」をこのようにイメージしています。

わたし＝焦点＝ピント操作

意識とは、つまりオカン（わたし）そのものです。
わたしという意識は、常に何かにピント（焦点）を合わせています。
この、何かにピントを合わせているわたしのことを、「意識の焦点さん」と呼んでいます。そのまんまのネーミングですが、わたしたちが自らの意図でコントロールできるのは「意識の焦点さん」だけです。左脳さんも右脳さんも、自分の力では何も変えられません。変えられるのは、「意識の焦点さん」だけなのです。

焦点とは、カメラのピントのような意味です。目の前にある事物や出来事のどれに焦点を合わせるのか、どれに注目するのかが「意識の焦点さん」ができることです。
つまり、わたしたちにできるのは「ピント操作」だけなのです。

右ページのイラストの中に3つの印がありますが、「意識の焦点さん」は自らの意図で、どこにピントを当てるのか決められます。
だから本来、体やお腹にピントを合わせることは誰にでもできることなのです。

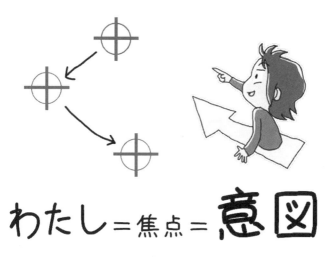

　しかし残念なことに、わたしたちは左脳優位の社会に生きているため、どうしても頭の中の思考にピントが当たりがちになってしまいます。

　右脳回帰は、「意識の焦点さん」のピントを、頭の中から体（お腹）へと変えることで達成できるのです。

■ ピントを合わせた部分が増えていく

「意識の焦点さん」のピント合わせは、望む人生を歩むためにも大切です。

　何かにピントを合わせると、それが増えていく（活性化していく）という作用があるからです。

たとえば、体やお腹にピントを合わせていると、右脳とのつながりが強化されていきます。
　一方で、頭の中の思考にピントを合わせていると、思考がモリモリ増えていき、その思考を発するクラウン回路まで増えていきます。

思考にピント＝思考とクラウン回路が増える

　この作用は、自分の心身にだけ起こる現象ではありません。自分の外側で起こることにも影響を与えます。
　楽しいことやうれしいことに集中してピントを合わせていると、楽しいことやうれしいことが増えていきます。

つらいことや悲しいことにピントを当てて、それを解消したいと考えても、反対につらいことや悲しいことが増えてしまうのです。

腰痛が増える

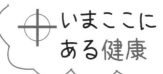

健康が増える

■ 2段階上にピントを合わせ、望む人生を歩もう

あなたに何か望みがあるとき、それを叶えるには「望みよりも2段階ほど上」のレベルに焦点を当てることをおすすめします。

わかりやすく「物」を例に説明します。

たとえば、はじめに自分が望んでいた靴よりも、2段階ほど値段が高く品質のいい靴を買ったとしましょう。

その靴を見るたびに、「やっぱりいい」「これが最高」と思えたとしたら、しだいに2段階上のレベルに「意識の焦点さん」のピントが合ってきます。

すると、ほかの「物」に関しても、2段階レベルが上のものとの出会いが増えてきます。「意識の焦点さん」がそこにピントを合わせているからです。

あえてはじめの望みより2段階上のものを求めることで、望みは叶いやすくなるのです。

もう1つ例を挙げると、たとえば婚活。自分のお相手はこのくらいのスペックの人がちょうどいいと考えるよりも、その人より2段階ほど上のスペックの人にピントを合わせたほうが、望む結果を得られやすいでしょう（わたしは、人間をスペックで評価するのなんて嫌いですが、あくまで例として……）。

なぜ「2段階上」なのかというと、あまりにレベルが上すぎると現実感がなくなり、ピントが合いづらくなるからです。

　また、「1段階上」程度だと、「やっぱりいい」「これが最高」だと思えない可能性があり、やはりピントが合いづらいのです。

　このように、「意識の焦点さん」のピントをどこに合わせるかで、わたしたちの人生は大きく変わります。

　というより、「意識の焦点さん」が人生のすべてを決めると言っても過言ではありません。

　どこにピントを合わせるかで、願望が実現するかどうかが決まります。

人類史上最も「しあわせ脳」から遠い現代

　左脳の自動思考を止めて、右脳ベースで生きると、しあわせになれる。
　自らの体験からそう断言しますし、わたし以外にも多くの人が右脳回帰を果たし、しあわせな人生を歩んでいます。

　ここで、ちょっぴり壮大な話をさせてください。
　そもそもですが、なぜ脳は、左脳と右脳に分かれているのでしょうか？
「未来と過去」が好きで言葉による思考に秀でた左脳さんと、「いまここ」が好きで直観に秀でた右脳さん。
　なぜ、わざわざこのような構造になっているのでしょうか？
　もし脳が右脳の機能しかなかったら、誰もが「しあわせ脳」だというのに。
　左脳の自動思考に苦しめられることもないのに。
　そして、なぜ現代を生きるわたしたちの中には、これほどまで左脳の自動思考に苦しんでいる人が多いのでし

ょうか？

　じつは、あなたが左脳の自動思考という問題を抱えているのは、あなた個人だけの問題ではないのです。問題の真相を知るには、生命の起源にまでさかのぼる必要があります。

■ まず、「腑脳(ふのう)」が誕生した

　生命の起源が生まれた何億年も前に、時間をさかのぼってみましょう（ここから話が壮大になっていきます。いまはわからなくても大丈夫ですので、まずはついてきてください！）。

　太古の海で生命が誕生し、単細胞生物から多細胞生物に進化していく中で、まず消化器官が生まれました。互いに捕食して栄養を得ることで、生命は進化していったのです。
　消化吸収の要(かなめ)となる腸をうまく動かすために、神経と毛のような感覚器官ができました。これが太古の「脳」です。
　わたしはお腹にあるこの「脳」を、「臓腑(ぞうふ)」から採って「腑脳」と名づけました。
　腑脳は、人間が人間になる前からある脳です。生命そのものといってもいいでしょう。

人類誕生のはるか昔、10億年以上前に、口と腸と肛門しか持たない「腔腸動物」が誕生しました。魚類になる前の動物です。腑脳は「腔腸動物」で生まれ、その後のすべての動物に備わっています。

　数億年経った現在も、わたしたちは腑脳を持っています。
　大腸のまわりには脳と同じ神経細胞が密集していて、大腸から脳へと指令が送られているのです（脳腸相関という言葉も有名ですね）。
　驚くべきことに、脳から大腸への情報よりも、大腸から脳への情報のほうが多いといわれています。
　わたしはよく、「迷ったらお腹に聞く」と言います。これは「腑脳に聞く」ことを意味しているのです。
　また、第1講でお伝えした「エレベーターの呼吸」は、太古の脳である腑脳に立ち返る練習でもあります。
　ここまでOKですか？

受講者G　すみません。左脳と右脳がポイントだと思っていたのに、腑脳まで出てきて正直混乱しています。
　腑脳があるなら、右脳の立場はどうなるんですか！

「右脳の立場」っておもしろいですね。

わたしも、右脳回帰したばかりの頃は、右脳とお腹にどんなつながりがあるのか知りませんでした。
　けれど、腑脳の存在を知り、また人体の構造を学んでいく中で、右脳は自律神経を介して腑脳とつながっていることに気づいたのです。
　直接右脳にはアプローチできないため、腑脳を経由することで、右脳回帰が果たされます。ここではざっくりと、「右脳＝腑脳」と捉えていただいて構いません。
　のちほどじっくり解説しますので、先に進みましょう。

■ 右脳と左脳の誕生

　腑脳を有する多細胞生物は、さまざまな種に分岐していきながら進化を続けました。
　その中で、消化器官の近くに捕食をサポートする目が生まれ、これらの機能をコントロールするために神経細胞のかたまりが誕生しました。
　これが、原初の「右脳」だと考えております。
　右脳は神経を介して肉体と結びつき、さまざまな種が「生き残り戦略」のために独特の進化を遂げたのです。
　その結果、チーターは走り、シマウマは群れ、クジラは巨大化し、人類は二足歩行を始めました。
　このとき人類には「言葉による思考」はありません。だから現在「左脳」と呼ばれる大脳の左半球は、当時は

右脳と同じ役割を担っていたとわたしは考えています。
　つまり、原初の人類には未来も過去もなく、「いまここ」しかなかったのです。
　それもそうですよね。もしジャングルの中で猛獣と出くわしたとき、「今日の晩飯、こいつ食いたいな」とか未来のことを考えたり、「このところ以前に比べて月が出るのが早くない？」とか過去のことを考えたりしていたら、あっというまに死亡です。
「いまここ」に集中して、一目散に逃げるか闘うかしか選択肢はありません。闘争か、逃走か、です。
　人類に「左脳」が必要になるのは、もう少し先になります。

　左脳が生まれたのは、人類が「社会化」を始めてからです。
　社会を生み出し、社会の一部をなす「個体」となることを課せられてから、意思伝達をするための「言葉」が生まれました。
　肉体的にほかの種に劣る人類は、言葉を使って社会化する「生き残り戦略」によって生き延びてきたのです。
　しかし、左脳で生み出された「個体意識」と「言葉による思考」は、やがて肉体に結びついた右脳を凌駕(りょうが)していくことになります。

その結果、「自動思考」という、現実と見間違えてしまうような幻を作り始めました。

　人類は、安全な社会を作り出したのに、その社会の最も安全なはずの自宅でも安心できず、未来への苦悩と過去への後悔に苦しむ能力を手にしました。

　本当は安全な世界の中で、無限の苦悩を創り始めてしまったのです。

　これが現在のすべての苦悩のベースだとわたしは考えています。

■〈脳の歴史〉のタイムラインであなたを見る

　三脳（腑脳、右脳、左脳）の誕生経緯がわかったところで、歴史の流れの中で、わたしたちの脳はどのように使われてきたか見ていきましょう。

　みなさんが現在抱えている問題には、全人類が経てきた意識の変化のタイムラインが背景にあり、必然ともいえる「起こり」があなたに起きているにすぎないのです。

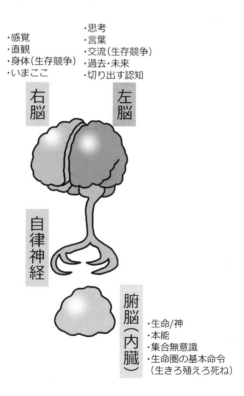

左ページのイラストは、三脳の特徴を記したものです。
　先ほど「右脳と腑脳の関係性」についてご質問をいただきましたが、右脳は自律神経という神経を介して腑脳とつながっているのです。

　全身に張り巡らされた自律神経が休まず働いているから、わたしたちは意識しなくても消化吸収できたり、血液循環ができたり、睡眠中も呼吸ができたりしています。
　そして、腑脳（腸）と右脳は自律神経を介してつながり、常に情報を伝達し合っています。腸の調子が悪いとメンタルに悪影響を与えたり、緊張したときにお腹が痛くなることがあるのはそのためです。
　医学的には、両者の関係は「脳腸相関」と呼ばれており、切っても切り離せない表裏一体の仲なのです。
　わたしが「右脳で生きよう」と言うとき、「体の神経に意識を向ける」「お腹に聞く」と呼びかけるのはこのためです。

　では、脳と歴史の流れを追ってみましょう。

縄文（1万数千年の平和的共存）

縄文時代からスタートします。

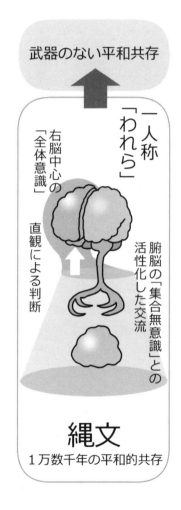

縄文の人々は、生命として繁栄していこうとする腑脳と、腑脳からのメッセージを受け取る右脳メインの意識だったと考えられます。

　お腹から上がってくる感覚を信頼し、それを判断材料にして生きていたのです。

　この時代に一人称の感覚があったかはわかりませんが、いまの言葉にするなら「われら」が適切かと思います。誰かから何かを奪ったり奪われたりすることなく、互いに一体感を感じながら暮らしていたのでしょう。

　一方で、左脳はほとんど働いていません。ゆえに自動思考もありません。

　縄文時代の人々は、常に「温泉に入っている感覚」で過ごしていたはずです。

　それって、めちゃくちゃしあわせですよね。

　考古学の調査では、縄文時代には、人を傷つける武器や傷つけられた骨は出土しないそうです。戦いや争いのない平和共存の時代だったのです。

　全員が温泉に入っている状態だと思ったら、それも納得できませんか？

近代（戦争と過剰競争・分断）

近代になるだいぶ左脳が発達してきて、個体意識が生まれ、一人称が「わたし」になります。文字や言葉を持ったためです。

この頃はまだ、右脳はそれなりに活動していました。しかし、ロジカルで左脳的な国家が誕生し、相手との一体感や共感が薄れ、戦争や民族紛争なども起きるようになりました。

また、宗教や教育によって、言葉による教えが中心になり、お腹（腑脳）との接触がだいぶ失われてきています。直観や本能ではなく、「神や国家がこう決めたからこれが正しい」という左脳的な思考が広まったからです。

図：左脳型国家・民族紛争

一人称「わたし」（我が国・我が民族）
左脳中心の「所属する個人」型の意識
宗教による「腑脳」感覚の否定
教育による思想をベースにした判断

近代
戦争と過剰競争・分断

現代（個の重圧とストレス）

わたしたちが生きる現代は、一人称が完全に「わたし」です。個人の時代、世界です。

左脳がものすごく活発に働き、右脳の活動はきわめて薄くなってきています。腑脳と右脳のつながりも失われつつあります。

個人に過度の重圧とストレスがかかっている状況です。

左脳的な正しさを妄信し、「自分がどうしたいか？」という思考で答えを探します。答えが出なくても、左脳があまりに発達しているため、何かしらの答えを探して考え続けることができます。

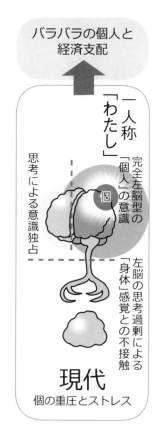

その結果、左脳の神経回路（クラウン回路）が栄養を貪り食い、太く強靭になって、よりいっそう自動思考がひどくなるという悪循環に陥っています。

現代は、人類が史上最も「しあわせ脳」から遠ざかっている時代だといえます。

　人類はこの先どうなってしまうのか、次項で迫ってみましょう。

あなたがしあわせになれば、世界もしあわせになる

だいぶ話がディープなところまで入ってきちゃいましたが、このような前提を知っておくと、「体に意識を向ける」ことの理由がわかり、ワークにも取り組みやすくなると思います。

どうぞ、リラックスしてお聞きください。

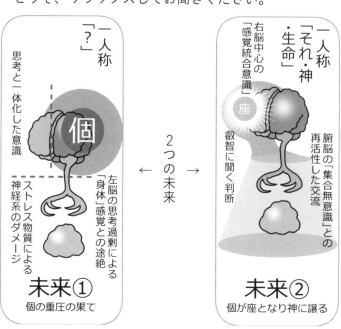

わたしたちの未来の脳・パターン①

　この先、左脳の活性化がどこまでも進むとどうなってしまうのでしょうか。

　わたしが所長を務める「三脳バランス研究所」のメンバーとともにさまざまな考察をしていますが、じつはまだ確かな答えは出ておりません（ごめん！）。

　左脳の思考過剰によって、身体感覚と断絶していけば、意識は完全に思考と一致してしまいます。自動思考によるストレス物質が、神経系にダメージを与えることも考えられるでしょう。

「自分の体」を感じられなくなったら、愛や喜び、生きている実感を得られなくなるのではないでしょうか。現代はまだ、わずかに右脳の機能が残っているため、イメージするだけで温泉の気持ちよさを感じられる回路が残っています。しかし、完全に身体感覚と途絶したら、それもできなくなってしまうのかもしれません。

　身体感覚が失われた代替として、左脳はさらに刺激を必要とするでしょう。その結果、テクノロジーを利用した脳への直接刺激などが始まるかもしれません。

　そうなるともはや、人間とロボットの違いはどこにあるのか、哲学的な問答が始まりそうです。

　とにかくわたしは、そんな人生を歩みたいとは思わないのです。

わたしたちの未来の脳・パターン②

わたしが目指したい未来は、ダンゼンこっちです。

わたしは「わたし」という感覚を維持したまま、腑脳と右脳の回路のほうにスパーッと入っていくことができました。

自動思考は頭の中からスッキリなくなり、「わたしというドラマ（物語）」にはまったく関心がなくなりました。だからおっちゃんに怒鳴られても、ドラマに巻き込まれずに通り過ぎることができるのです。

わたしはあらゆることを自分で判断しません。熱心にお腹に尋ねたり、お願いをしたりします。

大昔に生まれてくださった腑脳を通じて広がる無意識に、右脳の回路をパイプラインとしてつながり、無意識からのメッセージを聞くことに徹します。わたしは無意識を「神様」と呼ぶこともあれば、「本体さん」と呼ぶこともあります。あなたが呼びやすい名前で大丈夫です。

すると本体さんから、「こうしなさい」「ああしなさい」と答えが返ってきます。わたしはその答えのとおりに生きているだけです。それは言い方を変えると、直観に従って生きているといえます。

すると、日常はおもしろいくらいに奇跡ばかりが起きます。

小さいことだと、「スーパーで卵を買うのを忘れた！」

と思ったら、夫が帰りに買ってきた! ナイス! というような感じ。
　あるいは、「今日はなんとなく、昔の知人に久しぶりに電話してみよう」と思って連絡をしてみたら、共通の知り合いを介して新しい仕事につながった、といった具合です。
　毎日をそんなふうに生きていると、アイデアやメッセージが次々と舞い込んできて、人生がおもしろいくらいにうまく回ります。

　わたしはいま、個人じゃない感じで生きている感覚があります。
　たとえば、「こんなお仕事してみたいな」と思いついたら、それは本体さんが思いつかせたんだとわかるんです。集合的な大きな無意識のネットワークが働いていて、自分はその現れの1つだと。

　この感覚こそ「しあわせ脳」です。
　自動思考を止めて、体の感覚に意識を戻していけば、誰もがしあわせ脳になれます。
　「しあわせ脳」は縄文時代の脳と近いものがありますが、同じではありません。
　わたしという個人の感覚を持ち続け、社会生活に必要

な左脳の機能は維持しながら、かつ大きな無意識にまでつながるのが「しあわせ脳」なのです。

　進化してきた脳の「いいとこどり」をした脳のあり方といえるでしょう。

　人類はいま、大きな岐路に立っています。
　未来①（225ページ）のような脳に進化していけば、誰もが苦しみ、そして苦しみから逃れるために「奪い合い」が加速していくでしょう。
　右脳や身体感覚と断絶しているため、相互に共感する能力が失われ、どんどん無感覚になっていきます。自分だけが得する決まりごとを作り、他者をどんどん排除し、自分だけが生きやすい環境を作っていく。殺人さえ「論理的に正しいから」という理由で是とする人間も出てくるでしょう。
　いや、現時点でもこのような思考回路の人間は増えていると感じます。
　生命として終わってません？　そんな動物がどこにいますか？

　だからこそ、わたしたちが選択すべきは「しあわせ脳」しかありません。
　常に「温泉につかっているような状態」の人間ばかり

になったら、他者のしあわせは自分のしあわせになり、共感の輪が広がっていき、世界はよりすばらしいものになっていくでしょう。

　あなたがしあわせになることが、世界をしあわせにするのです。

　それって、めちゃくちゃいい感じがしません？

　わたしは、あなたの選択を全力で応援します。サポートします。

　そうしなさいと、わたしの本体さんが言っているのです。

右脳回帰で意識が「胸の座」に切り替わる⁉

　わたしは2016年のある日、左脳から右脳へと意識がガチャンと切り替わり、頭の中の自動思考がストップしました。

　そのとき、「なんやこれ？」と思ったんです。いつものように頭の中で「なんやこれ？」とツッコミを入れたつもりだったのですが、その言葉は胸のあたりから聞こえてきました。
　布団をかぶって話しているときのような低くくぐもった声が胸のあたりから聞こえてきて、超ビックリしました。

　それ以来、わたしは心臓くらいの高さで、左右真ん中あたりの胸に、自分の意識があると感じています。左脳から右脳に切り替わると、意識は胸のあたりにあると感じるのです。
　今はその場所を「胸の座」と呼んでいます。

■「胸の座」に意識がある感覚とは

意識が「胸の座」にあるときの感覚は、こんな感じです。

ちっこいオカンが体のほうを向いて、体の内側を見ています。これが「胸の座」の正しい位置です。

「胸の座」から外の世界を見ることはできません。だって目は顔についているのですから。つまり、外の世界を胸で感じようとすると、意識は依然として頭に残ってしまいます。

外の世界を感じるのではなく、すでに外の世界を感じている「体の内側の神経」に目を向けて味わうことで、意識を「胸の座」に持ってくることができるのです。

■ 意識が「胸の座」にあるとき、景色が変わる

　ここでみなさん、この大きなセミナールームの中を見渡してみてください。紫色のオバちゃんがいるな、たくさんの受講生さんがいるな、スクリーンやプロジェクターがあるな、窓から木々の新緑が見えるなと、さまざまなものが見えると思います。

　このときみなさんの多くは、「わたしが見ている」という意識でいると思います。

　次に、意識を「胸の座」に下ろしてみましょう。
　目を開けたまま、胸の心臓くらいの高さの中心の位置に、小さい自分をピタッとくっつけて、体の内側を見るようにしてみてください。体の中のピンポイントではなく、神経が全身に広がっていくイメージを持ちながら、内側をゆっくり味わってみましょう。目は開けたままです。

　すると、目は開いているけれど、ピントが合わない、ぼんやり見えているという感じになるはずです。これが、

意識が「胸の座」にある状態です。

　胸から体の内側に意識を向けていると、目から景色は勝手に入ってきますが、ちょっとピントがぼやけたり、視野が暗くなったり、何が見えているのか不明瞭な認知になるかと思います。

　これは、「体に意識を向ける」ことと「外の世界を見る」ことは同時にできないからです。

　それなのに、景色は依然としてぼんやりと見えている。これって、何が見ているんでしょう。わかる方がいますか？

受講者H　意識でない部分。無意識でしょうか？

　そのとおりです！
　無意識があなたの代わりに、外の世界を見てくれているんです。「胸の座」から意識を体の内側に向けていると、無意識がわたしの代わりに外の世界を見てくれます。

　温泉につかっているとき、視界はぼんやりしているでしょう。それは意識して景色を見るのではなく、無意識が代わりに見てくれているからなのです。

　右脳回帰したあとのわたしは、じつはずっとこの状態で過ごしています。

　ほとんどの時間は、「胸の座」からお腹にかけて意識

を向けていて、外の世界を見るのは無意識まかせです。だからいつもものをしっかり見ていないのですが、必要なときはパッと頭のほうに意識を戻して見ることに集中するので、生活には困っていません。

　むしろ、見る必要のないものを見なくてすむので、以前に比べて頭の中はスッキリ快調です。

■ 胸の座「タコバージョン」

「胸の座」にわたしという感覚が強くあるようになってから、気がつくと胸からお腹にかけて、筋のような、神経のようなものがシュッシュッシュッと伸びていくのを感じました。こんなイメージです。

これを胸の座の「タコバージョン」と呼んでいます。
　タコバージョンは、自分で意識してやっているのではなく、勝手に起きていました。

　当時の記録を読み返してみると、「何かと接続確認をしている感じだった」と記されています。
　今ならその「何か」が、本体さん(真我・無意識)であり、集合意識(アカシャ)であり、創造主(クリエーターズ・スピリット)であることがわかりますが、当時はそんなことを知る由もありません(これらについては、のちほど詳しく解説しましょう)。

　だから当時は、「お腹に下りていくことが重要なんだ」とだけ認識しておりました。
　2023年まで、わたしの胸の座はこの「タコバージョン」でした。しかし、翌2024年にバージョンアップします。

■ 胸の座進化系「筒とコマバージョン」

　現在のわたしの胸の座は、「筒とコマバージョン」に変化を遂げています。なんじゃそれは？　こんな感じです。

　はい。意味不明ですね。
　意味不明ですが、いつの間にかわたしの意識は、「タコバージョン」から形を変えて、「筒とコマバージョン」になっていたのです。

　この筒は、水道の蛇口につなぐホースくらいの太さ。中は空洞で、柔らかい印象があります。
　筒の下にはコマがくっついています。
　これが、最新のオカンの意識の状態です。
　どういうこと？　って話ですね。

　たとえば、「あれもやってない！　これもやってない！

うわー焦るー‼」といった具合に超忙しいとき、体の中のコマが、台風みたいにブワンブワンと回転している体感があるんです。それに気づくと、胸の座から筒がヒューと伸びてきて、コマの真ん中の軸のところを軽く押さえるような感じになるんですよ。すると、さっきまで暴れ馬のようにブワンブワン暴走していたコマが、安定して回転し始めるんです。

　この「軸が通った」という感覚が、とても心地よく感じられます。コマの回転が安定してくると、やがてコマはフーッと消えていきます。と同時に、忙しさに焦っていた心がウソのように穏やかになっていきます。
　筒状になったわたしの意識が、体の内側の感覚を安定させてくれている。これが現在のわたしの意識の状態です。

　あくまでこれはわたしの感覚です。誰もがこのような意識になるとは限りません。参考までに知っていただければと思いました。
　自動思考が止まり、意識が「胸の座」に移れば、みなさんそれぞれ固有のバージョンが生まれてくるかと思います。体の内側で、意識がどのように進化していくか、楽しみながら味わってみましょう。

■ 試してみたい人の胸の座「コイン型」

ここまで「胸の座」についてあれこれお話ししてきましたが、無理に意識を「胸の座」にしようとがんばる必要はありません。

自動思考が止まって、左脳から右脳に回帰すれば、勝手に意識は「胸の座」に移行するものだからです。すでに実感されている方も少なくないでしょう。

ただ、「胸の座に意識を持っていく」ことからスタートして、それが功を奏し、「右脳回帰を果たした」という方もちらほら見かけます。

そこで最後に、「胸の座」を試してみたい方におすすめの方法をお伝えします。以下の「コイン型」がイメージしやすいでしょう。

【胸の座「コイン型」のやり方】
1. 胸の中央の骨と皮膚に、直径10センチほどのコインが浅く埋まっているとイメージする
2. コインの部分を蚊に刺されたと想像する
3. 蚊に刺されたかゆみに意識を向ける
4. コインの部分から体の内側に意識を向ける
5. その意識をだんだんお腹のほうまで広げていく

　興味がある方は、試してみてください。
　大切なのは、楽しみながら行うことです。わたしは「胸の座」のバージョンが変化するたびに、「おおぉ！　これはどうなってるんだ？」「なんでこんな変な形をしてるんだ？」などと興奮しながら、自分の意識の状態を楽しんでいます。不思議な感覚を味わいましょう。

スーパーコンピューターの「本体さん」にぜんぶおまかせ!

さて、次のテーマに移ります。

わたしはこれまでさりげなく「本体さん」というワードを使ってきましたが、「本体さんって何ですか?」という話も盛大にありますので、ここから詳しく説明したいと思います。

本体さんとは、自分という存在の中の「わたしが意識できない意識」のことです。わたしが意識できない意識ですから、つまり「無意識」です。

悟りや精神世界の分野では、「真我」と呼ばれることもあります。

真我というと、何か特別なもの、神秘的で高尚なものに思えるため、わたしは身近な存在に感じていただくため、無意識のことを「本体さん」と呼んでいます。

本体さんは「この体を生きている意識」ともいえるでしょうか。体のすべての細胞を、24時間、完璧な状態に保つために稼働している「超知性」であると、わたしは思っています。

わたしが本体さんに初めて出会ったのは、自動思考が止まって少し経ってからのことでした。
　千葉県の大都会（はい、千葉は大都会です）の大通りの歩道を歩いているとき、段差もないところでつまずいて、派手にずっこけそうになったんです。
　おっとっとっとっと、とつんのめって何歩か進んでいくと、まわりの人たちから「あのおばちゃん、大丈夫か？」と注目を集めてしまい、すごく恥ずかしい思いをしました。
　その直後です。
　わたしはイメージの中で、なぜか車に乗っていました。車の運転ができないにもかかわらず！　ハンドル操作しなきゃ事故ると思い、ハンドルを握ろうとするも、なぜかハンドルがありません。わたしは助手席に座っていました。
　ハッと横を見ると、本体さんが運転席に座って、目をつぶって運転をしてくれているではないですか。

　その瞬間、あえて言わせてもらいます、わたしは初めて「悟り」ました。

「これまでわたしは、自分の体の運転席に座ってすべてをコントロールしているつもりだった。でもそうではな

く、わたしは助手席で運転しているフリをしていたにすぎず、本当に運転していたのはこの方だったんだ」

そして本体さんはわたしに、目をつぶったまま、
「行きたい方向を指し示せ」
「わたしがそこへ連れていってあげよう」
と言葉にならない感覚で伝えてきました。
ああそうか、いま盛大に転びそうになって恥ずかしいと思ったのも、わたしではなくあなただったのですね。
このときの体験はものすごく衝撃的で、いまでも鮮明に覚えています。
ワークの1つとして紹介した「未来ピン」は、本体さんに向けて、「行きたい方向を指し示す」ために行っていたのです。

わたしにとって本体さんは、完璧な神様のような存在ではなく、いつも一緒にいる身近な存在です。神様のような場所から、わたしという存在の中に入ってきてくれていて、わたしという存在の体をずっと維持してくれています。
その上で、わたし(意識の焦点さん)が行きたい方向へと、文句も言わずに操縦して連れていってくれるのです。
これがわたしの本体さんのイメージです。

■ 本体さんは意識の95％を占めている

　本体さん（無意識）とわたし（意識の焦点さん）の関係を見てみると、次のようになります。

「ほぼほぼ本体さんじゃねえか！」って話ですが、実際そうなんです。
　本体さんは、わたしが意識できないすべてのことをやってくれています。
　たとえば、体の細胞の再生です。全身には37兆個の

細胞があるといわれていますが、細胞の中にはすぐに死んでしまうものもいます。

しかし、自動的に同じ細胞が再生されるため、今日のわたしは、昨日のわたしと同じわたしとして生きることができます。

これを行ってくれているのは本体さんなのです。

わたしは、本体さんは意識全体の95％以上を占めていると考えています。

脳で見てみると、左脳にちょろっと「わたし」がいる程度です。こんなにちっちゃいものだと認識しています。脳神経回路のほんの一部が無力な「わたし」であり、それ以外のすべては「本体さん」なのです。

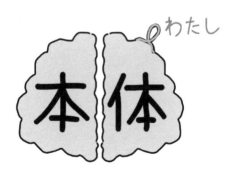

■ 本体さんにアクセスするには？

　現代人は、左脳にチョロッとミミズのようにいる「わたし」を肥大化していきました。社会が大きく複雑になるにつれて、他者とのコミュニケーションが欠かせないため、左脳の持つ一部の機能を大きく拡大していったのだと思います。

　その結果、現代人の自己認識は次のようになっています。

　左脳が過剰になり、左脳が思考する「拡大された幻のわたし」の誕生です。

幻のわたしは、本体さんの存在にまったく気づいていません。
「わたし」とは頭で思考している「わたし」であり、「わたし」以外の意識が自分を支えているとは少しも想像できないのです。
　でも実際は、「拡大された幻のわたし」の後ろには本体さんが必ずいます。
　そしてわたしの本体さん（無意識）は、「わたし」という個だけでなく、人類全体の無意識（集合意識）、さらには、世界を創った創造主にまでつながっているのです。
　あなたがもし、自分はこの世にひとりぼっちで、誰ともつながっていないと感じるならば、それは本体さんにアクセスできていないからです。

　なぜアクセスできないかというと、わたしという脳神経回路と本体さんの間には、フィルターがあるからです。

人類が思考と言語を発達させていくにつれ、両者を分断するフィルターが生まれたと考えられます。

　つまり、このフィルターを除去しさえすれば、わたしたちは本体さんにアクセスすることができるのです。

■ 結局、左脳思考がわたしたちを孤独にする

　次のイラストは、わたしが右脳回帰する前の世界の見え方です。

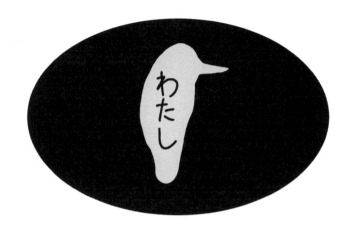

　このときは、世界が真っ暗闇に見えていました。

　わたしにはわたししかいない。だから、わたしのことはわたしがなんとかするしかないし、いっぱいがんばらなきゃならない。そう思っていました。

　わたしは世界とはまったくつながっていなくて、わたしが生きても死んでも、世界は何も変わらない。そう思っていました。

　世界から切り離された、孤独な世界観を持っていたと思います。

　わたしには「わたし」しかいないと思い込んでいたのです。

「今日のわたしはこうだった」「明日のわたしはこうだろう」といった具合に、「わたし思考」をすればするほど、暗闇の中に落ちていくと思います。

「わたしが」「わたしが」「わたしが」という「わたし思考」の中に意識が閉じ込められてしまうと、そこから抜け出そうという発想を持てません。

「わたし」の力で、人生をどうにかしようとがんばればがんばるほど、つらく苦しくなってしまいます。がんばっても報われないことが続くと、やがて何を望んだらいいのかもわからなくなり、人生の迷子になってしまうのです。

でも安心してください。
みなさんはすでに、本体さんと分離するフィルターをなくす方法を知っているではありませんか。わかりますか？

受講者I　左脳の自動思考を止めることでしょうか。

ビンゴでございます！
結局のところ、人間が孤独になってしまう原因は自動思考なのです。

縄文時代の人々のしあわせそうな生活を想像してみてください。
右脳ベースで生きてきた彼ら彼女らは、本体さんとつながっていたため、「わたし」という個人ではなく「わたしたち」という意識で過ごしていました。だから、寂しさや虚しさとは無縁だったはずです。毎日の何気ない生活にしあわせを見出し、争いごともなく、精神的に充足して暮らしていたことでしょう。

現代に生きるわたしたちも、自動思考さえリセットして本体さんとつながれば、「いまここ」にいるだけでしあわせになれます。

■ 本体さんの意向に沿って生きる

　また、これまでお伝えしてきた「右脳さんの直観」とは、じつは「本体さんの意向」を受けてのメッセージなのです。

　右脳さんは本体さんの意向を伝えるパイプラインの役割を果たしているといえます。

　右脳さんの直観（本体さんの意向）に沿って生きていると、なぜか物事がうまく回り出します。

　その理由は、わたしたちの小さな意識とは比べものにならないくらい、本体さんは「世界の仕組みをわかっている」からです。

　わたしたちの意識が「ガラケー」の性能だとすれば、本体さんは「スーパーコンピュータ」の性能を有しています。ものすごい容量と処理スピードを擁して、世界のカラクリを見定めることができるのが本体さんなのです。その能力は、わたしたちの想像を超えています。ガラケーではスーパーコンピュータのことを解析できないのと同じです。

　超高性能のスーパーコンピュータである本体さんの意向に沿って生きていると、判断を誤ることや、判断の結果ガッカリすることはまったくありません。

　むしろ、自分の意識では絶対に導き出せないような回

答を与えてくれます。

あっと驚く奇跡のような体験がしょっちゅう起こります。

でもそれは、わたしという意識にとって奇跡だけで、本体さんにとっては当たり前のことなのです。

本体さんとつながってしまうと、人生が一気に楽になります。

すべてをスーパーコンピュータに委ねてしまえばいいのですから、それは楽でしょう。

夢が叶ったり、やりたいことができるようになったり……人生の新たな局面が開けてきます（ただし、思っていたのとはちょっと違うかたちになるかもしれませんが、それはご愛嬌(あいきょう)）。

　せっかくこんないいものを誰もが背中に抱えているのですから、本体さんとつながらないなんて、もったいなさすぎです。

　繰り返しますが、本体さんとつながるには、ただ左脳の自動思考をストップさせるだけでOK。そのためには体（お腹）に意識を向けること。
　これだけです。
　これだけで、あなたは一生しあわせです。

本体さんへの
問いかけは
お腹に投げ込む

クリエーターズ・スピリット（創造主）と悟りについて

　本体さん（あなたの無意識）は、「世界を創った創造主」とつながっていると、チラッとお伝えしました。この創造主を、「クリエーターズ・スピリット」と呼んでおります。

　これからお話しすることは、わたしによる1つのファンタジーです。ファンタジーでありながら、誰にも否定できない真実だと考えています。

　わたしたち人間は、何のために地球に生まれたのでしょうか。

　そもそもこの地球は、なぜ存在するのでしょうか。

　地球が存在する宇宙とは、いったいどのようにして誕生したのでしょうか。

　その答えを科学に求めることもできます。

　しかし、宇宙の誕生の理由を科学的に突き止めたとしても、その理由となる事象を引き起こした理由が必ずあります。さらに根本的な理由が判明したとしても、その根本的な理由を引き起こした超根本的な理由が必要です。

科学による理由探しは永遠に続きます。

無から有は決して生まれないからです。

だとすれば、一番はじめに、すべての根本を生み出した存在が必ずいるはずです。

わたしはその存在を「クリエーターズ・スピリット」と名づけました。

クリエーターズ・スピリットは、なぜ宇宙を作り、地球を作り、そこに人間を創ったのでしょうか。

わたしは本体さんに尋ねました。すると本体さんは「見るため、経験するため」とメッセージを送ってきました。

クリエーターズ・スピリットにとって、宇宙も地球も人間も、自分自身の一部です。自分で自分のことは見られないため、クリエーターズ・スピリットは、世界を見て、世界を体験する役割を人間に託したのです。

わたしの長年の疑問は、解消されました。
　言語と思考を手にした人間は、なぜ本体さんから切断されてしまったのか。
　本体さんは、クリエーターズ・スピリットとわたしたちをつなぐ存在です。
　本体さんとの断絶は、クリエーターズ・スピリットとの断絶を意味します。
　なぜ人間にだけ、そんなことが起きるのか。
　その答えを本体さんが教えてくれたのです。

「世界を見るため、経験するためにわたしたちは生まれてきた」
　この真実を知ったとき、わたしは途方もない安心感を覚えました。
　わたしたちが存在する理由は、「いまここ」に見えるままの世界を見て、「いまここ」で経験できることを経験すればいい、そんなふうに感じたからです。過去を悔やんだり、未来を不安に思ったりすればするほど、クリエイターズ・スピリットから断絶されてしまうことに気づきました。

「見る」ことは、「いまここ」でしかできません。過去や未来を目の前で「見る」ことはできないのですから。

「経験する」ことも、「いまここ」でしかできません。過去の出来事は過ぎ去った瞬間、思考の中に取り込まれます。未来の出来事は想像するしかありません。経験とはすべて「いまここ」で起きるのです。

「いまここ」にいるとき、わたしたちはクリエーターズ・スピリットの「目」となって、ともに存在しています。世界の創造主とともにいる感覚は、途方もない安心感と幸福感を与えてくれます。

そして、わたしたちが「見て」「経験した」ことは、そのままクリエーターズ・スピリットの一部となり、新たな世界を創造することに使われているのです。
　この感覚を抱くことができたとき、人は生きることに真の価値を見出し、この世に生まれてきたことを心から喜べるでしょう。
　これこそが「悟り」なのではないでしょうか。

人生のお楽しみ！意識の建築物を地下まで下りてみよう

いやはや、だいぶディープなところまでお話ししました。

わたしたちの意識がどんな構造になっているのか、復習も兼ねてまとめておきましょう。これが、意識の全体像です。

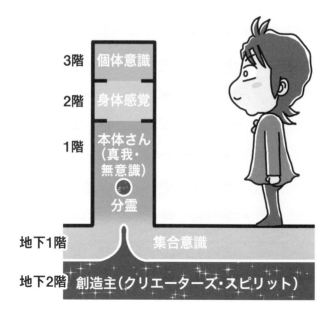

建物にたとえて、意識の構造を表してみました。
　3階建て、地下2階まである建築物です。上から順番に見ていきます。

3階：個体意識

　ここは左脳さんが司る意識です。「わたし」という個人であり、自らの意思でコントロールできるのはここに限られます。思考や言語のエリアなので、ふだんの生活では、ほとんどの人は3階だけで暮らしているといえます。自動思考は3階から降ってきます。

2階：身体感覚

　ここは右脳さんの管轄です。体の細胞や神経からの情報を感じ取るエリアとなります。左脳さんの思考から切り離された、「命」と言い換えられる場所です。左脳さんの自動思考をストップすれば、2階まで下りてくることができます。ここまで読まれてきたみなさんの多くは、2階にも顔を出している状態でしょう。

1階：本体さん

　命の土台となる本体さんがいるエリアです。本体さんがいなければ、2階や3階建ての建物を建てることはできません。2階の右脳さんにメッセージを送り、わたしたちを導いてくれます。本体さんは、クリエーターズ・スピリットから「分霊（命の核）」を与えられています。そのおかげで、この建物は生まれたのです。

地下1階：集合意識

　集合意識のエリアです。いわゆるアカシックレコードと呼ばれる次元で、わたしは「アカシャ」とも呼んでいます。人間を含めた生命全体の意識の集合体です。ここで無数の本体さんたち全員がつながっているわけです。

地下2階：クリエーターズ・スピリット

　すべての存在を生み出した創造主のエリアです。あらゆる生命に分霊を与えて、世界を形づくっています。

この講座では、意識を3階から2階に下ろしていくことを中心にご説明してきました。そして、右脳で生きることは1階の本体さんのメッセージを受け取ることだともお伝えしました。
　ここまで体感できれば、あなたは「しあわせ脳になった」と言えるでしょう。

　でも、その先があります。
　地下1階さらには地下2階まで下りていくにも、やることは変わりありません。
　頭からお腹へと繰り返し意識を下ろしていくと、やがて集合意識を感じられることがあります。「わたしはあなた」「あなたはわたし」「わたしは世界」「世界はわたし」と感じられるような、いわゆるワンネス体験です。
　集合意識に入れば、すべての人、すべての生命とのつながりを感じられます。極上の安心感・幸福感を味わえます。

そこからさらにグーンと下がると、クリエーターズ・スピリットの領域です。

　わたし自身、ここまで行けることは少ないですが、行けたときはヒヤッとすることが多いです。全世界をクリエイトしている存在に近づくため、わたしが何かくだらないものを作ってしまったらどうしよう、といった不安が生じるからです。インド象を千葉に大量生産して混乱させたらどうしよう、みたいな。

　これは、半分冗談、半分本気です。

クリエーターズ・スピリットの領域は、左脳で考えているときは、「何が起こるのだろう」とワクワクしますが、いざ本当にその領域に達してみると、「責任感」のようなものをわたしは感じます。神の領域に近づくため、厳粛な気持ちになるのです。

　建物の地下までやってくるには、さすがに2か月では難しいと思います。

　少なくとも1年以上はワークを実践する必要があるでしょう。

　未知の体験は、静けさの中で起こるものです。

　深く深く意識を下に下ろしていくと、静かな川の流れがあり、その中に立って流れをぼんやり見ていると、ときどき花びらが流れてくる。それをただ見ている。ずっと見ている。

　刺激のない静けさに耐えられる意識になったとき、「これが世界だ」「すべてとつながっている」という感動が訪れるでしょう。

　未知の体験をしてみたい方は、ワークを継続するとともに、ふだんの生活でも刺激を遠ざけた静かな時間を増やしていただければと思います。

自動思考が止まると訪れる、しあわせな静寂

いよいよ、この講座を締めくくるときがやってまいりました。

最後の話は特に、みなさんそれぞれの右脳さんと一緒にお聞きいただければと思います。

これは、わたしたちの意識と肉体についての概念図です。この連続講座のために特別に用意しました。

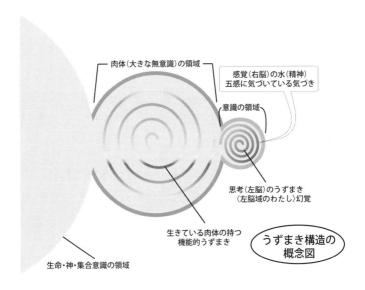

自動思考を止めるとどんな世界が待っているのか、この概念図を例に理解を深めていきましょう。

　わたしたちの意識の機能は、川や海の中にできる「うずまき」に似ています。
「うずまき」は水底や岩などの構造と水流によって、常に同じ場所で発生するもので、取り出して別の場所に移すことはできません。
　水、水流、岩や水底の構造など、複合的な要素によって生まれる「構造的なチカラ」であり、「うずまき」そのものは独立した存在ではないからです。
　わたしたちの「意識」もこれに似ていて、感覚（右脳）の水（精神）に満たされた構造の中で、まるで思考（左脳）のうずまきが発生しているようです。

　右側の小さな円をご覧ください。「意識の領域」とあります。
　この概念図は丸い桶のような形状のものを、上から見ているものとご理解ください。
　意識の領域には、たっぷり水が溜まっています。
　その表面では、思考（左脳）のうずまきがくるくる回っています。「次はこれを考えて」「結論を出して」「次にこれを考えて」「さっきの結論はやっぱりこう変えよう」

といった具合に大忙しです。左脳のうずまきは「構造的なチカラ」によって、そのままにしておくと、いつまでもくるくる回り続けます。

　四六時中くるくるかき混ぜられていたら、本当にしんどいです。気が休まることがありません。

　けれど、です。

　この丸い桶の中に、ポチャンと飛び込んでみたら、水底のほうには感覚（右脳）の水があります。右脳の水がある場所はシーンと静かです。うずまきに巻き込まれて目が回ることもありません。めちゃくちゃ快適です。

　右脳回帰という言い方をすると、ゴールはとても遠いところにあるように感じます。けれど実際は、思考のうずまきのすぐ下には、穏やかで静かな水がたゆたっているのです（先ほど、建物を下りていくたとえでもお話ししましたね）。

　自動思考が強いと静かな水があることを感じられないのですが、反対にいうと、自動思考さえ止めればそれだけで静かな水があることに気づけるのです。

　わたしが再三、「自動思考を止めることが、すべてのスイッチになる」と申し上げているのはそのためです。

　あなたは何かを手に入れなくても、もともと「しあわせな静寂」を意識の中に持っています。ほんの少しだけ

勇気を出して、そこにポチャンと落ちていくだけでいいのです。

　左の円に移りましょう。
　こちらは肉体の領域を示すうずまきです。意識の領域と肉体の領域は、同じ右脳の水（しあわせな静寂）に満たされています。この領域のうずまきは、生きている肉体の持つ機能的なうずまきです。死なない限り生命は活動するので、このうずまきは生きている証拠だともいえます。
　肉体もまた、感覚（右脳）の水に満たされており、だからこそ私たちは、身体感覚に意識を向けることで、思考のうずまきから脱出することができるのです。

　さて、肉体の領域の先には、「自分という個を超えた領域」もあります。この第3講でお伝えしてきた領域です。この領域もまた、右脳の水とつながっていることがわかるでしょう。わたしたち人間は、個としてバラバラに存在しているのではなく、右脳の水を介して「大いなる存在」とつながっているのです。
「大いなる存在」がわたしたちを生きている、ともいえます。
　だから、右脳で生きると、さまざまな奇跡に遭遇する

のです。

　この壮大な概念図の中で、唯一浮いている存在が「思考のうずまき」です。
　思考のうずまきがなくとも、意識・肉体・大いなる存在とつながることができます。
　そればかりか、「思考のうずまき」が、これらのつながりを断ち切ってしまうともいえます。

「わたし」意識のうずまき構造

「わたし」という個人の意識の自己感覚は、左脳が作り出す思考の強い「うずまき」に沿ってぐるぐる回っている。そしてその「脳内の声」が自分自身であると、一体化して受け入れてしまっている。

左脳が作り出す思考の「うずまき」の下にある、もともとの水(精神)、右脳の静かな水に気づけば、思考との一体化は消えていく。
「わたし」感覚は、右脳的になり、五感や神経の毎瞬の気づきへと変容していく。

何度でも言います。
すべては自動思考を止めることから始まるのです。

　右脳の静かな水の中は、左脳の思考に慣れきった人には、地味で刺激がない世界に思えるでしょう。
　左脳のクラウン回路は、思考という刺激を常に求めて、わたしたちに「空白の時間」を作らせません。常に脳内をビジー（忙しい）状態にすることで、栄養を貪り食っているのです。
　現代人は、クラウン回路の思うがままに、ビジー状態に慣れすぎてしまいました。思考があることに慣れすぎてしまいました。
　それが、まさか自分の不幸の原因であることに気づきもしないで。

　さあいまこそ、「しあわせな静寂」の中に戻りましょう。
　体の中の声だけが道標(みちしるべ)です。

また会う日まで！
しあわせな毎日を
味わってこー

さてさて。
これにて、すべてのカリキュラムが終了いたしました。
みなさま、最後までついてきてくれて本当にありがとう！

思い起こせば「自動思考の沼」にハマっていたみなさんと初めてお会いしてから、はや2か月の月日が流れました。
当初は3回の連続講座なんてわたしにできるのか!?と思っていましたが、毎回本体さんに問いかけて、そのつど導いていただいたと感じております。
みなさんの自動思考が消えて、「しあわせ脳」に変容するための力になれたなら、感無量でございます。いますぐ踊り出したいくらいです。

この2か月、真剣にワークに取り組んでくださったみなさんは、確実に「しあわせ脳」に変容いたしました。
お顔の表情と醸(かも)し出されるオーラを見れば、一目瞭然

です。

　2か月前のみなさんは、どことなく不安で、緊張していて、肩肘が張っていました。常に怒っているような表情をされている方もいました。

　でも現在のみなさんは、誰もが明るく、朗らかなオーラに満ちております。まるで温泉につかっているときのようにリラックスされています。

　ご自身では気づかなかったとしても、いつの間にか意識の変容が進んでいたのです。

今後も講座でご紹介したワークを続けていただけば、果てしなく続く「いまここ」の瞬間を、穏やかな幸福感とともに味わうことができることでしょう。
　人間関係やコミュニケーションも円滑になり、周囲の人たちにも笑顔が溢れることでしょう。
　生産性のない自動思考がなくなり、本体さんの導きによって、夢を叶えたり、やりたいことができるようになるでしょう。

　最後に、はなむけの言葉を贈らせてください。

「わたしたちはしあわせになるために生まれてきました。だから、しあわせな毎日、味わってこー！」

　このたびは、最後まで受講くださり本当にありがとうございました。
　ではでは、またどこかでお会いできる日を楽しみにしております！

第3講のまとめ

- 左脳から右脳に変わっていく過程で、「愛の表現」をしたくなってくる。
- わたし(意識の焦点さん)にできることは、どこに注目するかピントを合わせることだけ。ピントを合わせた部分が増えていく。
- 体にピントを合わせると右脳とのつながりが、思考にピントを合わせると左脳とのつながりが強化される。
- 楽しいことやうれしいことにピントを合わせると、それらも増えていく。
- 右脳と腑脳は自律神経でつながっている。だから、右脳に回帰するには「腑脳(お腹)」へのアプローチが必要。
- 未来の脳の可能性は2パターンある。あなたは左脳と右脳、どちらを選ぶか。
- わたしが意識できない意識(すなわち無意識)を、「本体さん」と呼ぶ。
- 本体さんは、すべての意識の95%を占めている超高性能の「スーパーコンピュータ」のような存在。
- 本体さんとつながると、人生が一気に楽になる。夢が叶ったり、やりたいことができるようになる。
- クリエーターズ・スピリット(創造主)とともにいる感覚は、途方もない安心感と幸福感をもたらしてくれる。

おわりに

読者のみなさま、
最後までお読みくださり誠にありがとうございました。

この本は、2024年1月から3月に
KADOKAWAさんで開催した連続講座の内容を
超大幅に加筆・修正したものです。
あの3日間は、人生で経験したことのない
かけがえのない時間でした。
会場全体が受講者のみなさまの
前向きなエネルギー（波動）に溢れていて、
化学反応としかいえない
「一体感」と「安心感」が生まれました。
まさにそれは、「ワンネス」体験です。
すばらしい時間を一緒に築いてくださった
受講者のみなさまに、
あらためて感謝申し上げます。
この本が生まれたのは、みなさまのおかげです。

そして、受講者の方々同様に、
読者のみなさまの自動思考が止まり、
「しあわせ脳」への変容が進んだのなら、
わたしはまた盛大に踊り出したくなります。
まだそこまで達してないよ、変わってないよという方も、
ぜひ焦らずにワークを続けてください。
どんなときも「いまここ」を味わう道を選択すれば、
まったく違う人生が開けるとわたしは信じています。

人生でつらい状況にいる方、
どうすればしあわせになれるのか
迷子になっている方もいらっしゃるでしょう。
わたしは知っています。
あなたが苦しんでいるときも、あなたの中には、
あなたを支える意識がたくさんいてくれることを。
あなた「個人」ができること、
がんばれることには限界があります。

がんばりすぎて心や体を壊してしまう前に、
どうか右脳さんや本体さんに助けを求めてください。
必ずあなたをしあわせな人生へと
導いてくれることでしょう。

わたしたちにできることは、
常に体とのコンタクトを取ること。
過剰な自動思考を消していき、
体の内側にある命のエネルギーを味わい、
心の充電をすること。
それが、生きている実感をもたらします。

そして可能なら、本体さんの向こうに無限に広がる、
宇宙よりも大きな存在まで見つめてほしい。
あなたは決して孤独ではなく、
どんなに愛された存在なのかを体感できることでしょう。

迷ったときはいつでもオカンの話を聞きに来てください。
わたしは仲間たちと「三脳バランス研究所」という

オンラインサロンを運営しています。
いつでもここであなたを待っています。
わたしは思考が消えて救われたあの日から、
そのやり方をみなさんに伝えていくことが
人生の使命なのです。
そして機会があれば、
みなさんと実際にお会いできる日を楽しみにしています。
(も、もしかして、また連続講座開催!?)

ではでは、分厚い本を最後まで読んでくれて
本当にありがとう!
この本がみなさんの「鍋敷き」にならないことを
祈っております。

すべての「意識の焦点さん」へ、愛をこめて。

「しあわせな未来、指さして行こー!」

2024年7月　ネドじゅん

ネドじゅん
脳と意識を自己探求しているオカン、三脳バランス研究所所長

大阪出身、昭和40年代生まれのオカン。「悟りを体感すること」を目的にした瞑想・心理・非二元思考・運動などを通じて意識を変容していく「三脳バランス研究所」の所長。ある日、突然脳内から思考の声が消え、意識の変容が起こる。以降、右脳ベースの意識状態となり、直観や「つながり合う大きな無意識」からの情報を受け取りながら、意識変容の方法論をYouTubeやオンラインサロン、セミナーなどで発信中。著書に『左脳さん、右脳さん。あなたにも体感できる意識変容の5ステップ』(ナチュラルスピリット)、『ネドじゅん式 意識変容 しあわせ右脳で悟リズム』(永岡書店)がある。

▶ **公式サイト**
https://nedojun.hp.peraichi.com/

▶ **三脳バランス研究所（DMMオンラインサロン）**
https://lounge.dmm.com/detail/4845/

▶ **YouTube**
https://youtube.com/@user-vn2tv7lk8t

▶ **X（旧Twitter）**
https://twitter.com/nedojun3nou

▶ **note**
https://note.com/nedo_jun/

カバーデザイン	小口翔平＋後藤司(tobufune)
本文デザイン	阿部早紀子
イラスト協力	安久津みどり (p.42、44、90、96、100、105、145、155、159、177、178、189、199、232、244)
編集協力	堀田孝之 深谷恵美
校正	山崎春江
DTP	三協美術
編集	小林徹也
Special Thanks	『ネドじゅんの「さとり直結」右脳マスター術 しあわせ脳と感動回路で生きる方法、ぜんぶ教えます！(全3回講座)』に参加くださったみなさま

2か月で人生が変わる
右脳革命

2024年 9月20日　初版発行
2025年 5月20日　 3版発行

著　者　　ネドじゅん
発行者　　山下直久
発　行　　株式会社KADOKAWA
　　　　　〒102-8177　東京都千代田区富士見2-13-3
　　　　　電話　0570-002-301（ナビダイヤル）
印刷所　　株式会社DNP出版プロダクツ
製本所　　株式会社DNP出版プロダクツ

本書の無断複製（コピー、スキャン、デジタル化等）並びに
無断複製物の譲渡および配信は、著作権法上での例外を除き禁じられています。
また、本書を代行業者等の第三者に依頼して複製する行為は、
たとえ個人や家庭内での利用であっても一切認められておりません。

● お問い合わせ
https://www.kadokawa.co.jp/（「お問い合わせ」へお進みください）
※内容によっては、お答えできない場合があります。
※サポートは日本国内のみとさせていただきます。
※Japanese text only

定価はカバーに表示してあります。

©Nedo Jun 2024 Printed in Japan
ISBN 978-4-04-606941-2 C0030